基于责任视角的企业绩效管理有效性研究

A Study of the Enterprise Performance Management Effectiveness: From the Perspective of the Accountability

闫 敏 著

中国财经出版传媒集团

经济科学出版社
Economic Science Press

图书在版编目（CIP）数据

基于责任视角的企业绩效管理有效性研究/闫敏著．
—北京：经济科学出版社，2019.4
ISBN 978 - 7 - 5218 - 0476 - 8

Ⅰ.①基… Ⅱ.①闫… Ⅲ.①企业绩效 - 企业管理 -
有效性 - 研究 Ⅳ.①F272.5

中国版本图书馆 CIP 数据核字（2019）第 076321 号

责任编辑：李晓杰
责任校对：蒋子明
责任印制：李 鹏

基于责任视角的企业绩效管理有效性研究
闫 敏 著
经济科学出版社出版、发行 新华书店经销
社址：北京市海淀区阜成路甲 28 号 邮编：100142
总编部电话：010 - 88191217 发行部电话：010 - 88191522
网址：www. esp. com. cn
电子邮件：esp@ esp. com. cn
天猫网店：经济科学出版社旗舰店
网址：http：//jjkxcbs. tmall. com
北京密兴印刷有限公司印装
710 × 1000 16 开 10 印张 180000 字
2019 年 4 月第 1 版 2019 年 4 月第 1 次印刷
ISBN 978 - 7 - 5218 - 0476 - 8 定价：36.00 元
（图书出现印装问题，本社负责调换。电话：010 - 88191510）
（版权所有 侵权必究 打击盗版 举报热线：010 - 88191661
QQ：2242791300 营销中心电话：010 - 88191537
电子邮箱：dbts@ esp. com. cn）

前　言

　　作为绩效管理理论的前沿课题之一，绩效管理有效性理论一直是研究者关注的热点。与此同时，在实践领域，绩效管理无效的现象普遍存在，让企业管理者大为受挫。探究如何控制影响绩效管理有效性的核心因素，提升绩效管理的显著成效，具有重要的理论和实践意义。本书以绩效评估准确性为着眼点，从绩效管理系统外部的组织文化这一情境因素入手，探索绩效管理流程中的责任问题，将绩效评估过程与问责制相连接，加入绩效评估双方的责任心和敬业行为等个人心理与行为变量，提出一个企业绩效管理有效性影响因素的跨层次理论驱动框架，深入探讨前因变量的直接和交互作用机制，为国内企业绩效管理有效性的后续研究和建设提供有意义的参考和借鉴。

　　本书共分为两篇。理论基础篇，包括第一章和第二章，详细介绍了本书所涉及的一些理论。实证研究篇，包括第三章~第八章，主要对我国企业绩效管理有效性影响因素模型进行了构建，在此基础上，开发了本书研究变量的测量量表，并对量表的信效度以及变量之间的假设关系进行了验证。最后，本书对基于责任视角的企业绩效管理有效性研究进行了总结，并展望了未来的研究方向。

　　本书具有如下特点：（1）理论基础翔实，本书的组织文化、问责制、责任心、敬业行为、绩效管理有效性等内容均结合国内外最新的研究，理论基础丰富、可靠；（2）实证研究严谨，在理论演绎、模型构建、统计分析和质化研究等一系列分析过程之中，科学地使用统计软件 SPSS19.0、LISREL8.7、HLM6.08 等工具，保证本书研究结论的准确；（3）应用前景宽广，本书立足实践应用环节，以本土企业绩效管理实施无效为出发点，研究过程注重解决实际工作中出现的问题，研究结果对于我国企业管理中的绩效管理工作具有较高的参考价值。

本书编写工作得到重庆大学经济与工商管理学院冯明教授的鼎力相助，不胜感激，此外，感谢山东工商学院工商管理学院对本书出版的资助，感谢经济科学出版社的领导与编辑老师的辛勤付出。

由于编写时间仓促，加之笔者的研究水平和能力有限，书中难免有许多瑕疵和不足之处，恳请广大读者批评指正。

闫 敏

2019 年 3 月

目 录 Contents

第一章

导　　论

本章首先基于学术界的研究热点和企业所存在的现实问题，阐述本书的研究问题、研究目的以及研究意义；其次，进一步介绍本研究的创新点、研究方法与研究思路；最后，说明整个研究的技术路线和结构安排。

第一节　研究背景与问题提出

一、研究背景

伴随着人力资本价值的上升，人才管理成为企业赢得竞争优势的关键。在这一背景下，绩效管理成为贯彻企业人才管理战略实施和管理劳动力发展的载体。2003 年联合国经济社会理事会提出绩效管理作为一种监控和维持组织发展的工具，是组织有效性最大化的关键。然而，在绩效管理真实运作过程中还存在很多让人不满意的地方，大多数企业根本无法有效实施，甚至有些企业在绩效管理推行后会出现负面效果。绩效管理成为近二十年来最受称赞同时又饱受批判和争议的管理实践，现如今它仍然是一个让企业管理者受挫的主要来源。科恩和詹金斯（Coens & Jenkins，2000）调查发现，虽然绩效管理在美国被 80% 的公司引进，但有 90% 的使用者对这一工具是不满意的，认为它达不到预期的目标。希博森管理咨询公司曾经帮助世界薪酬协会做过一项调查，调查协会成员在组织存在绩效管理时的工作状态和生产率。调查结论令人震惊，结果显示绝大多数公司的绩效管理系统已经失去了它应该发挥的积极成效。曾经被企业管理者奉为"管理圣经"的绩效管理真的无效了吗？到底是绩效管理本身不适合作为一类管理工具还是它的执行过程出现了问题？怡安翰威特咨询公司在《2014 年全球员工敬业度趋势》报告中指出，员工对企业管理者发出了明确的信号，他们不是不需要绩效管理，而是渴望有效的绩效管理。绩效管理在实践环节屡屡受挫，研究者也认识到绩效管理并不是普遍有效的，无效的绩效管理会变成企业的负担而不再是激励工具，会引发严重的员工关系问题。在这一背景下，作为绩效管理理论研究中的一个前沿课题，绩效管理有效性理论逐渐成为研究者和实践者共同关注的焦点问题。

数十年的研究和实践致力于提升绩效管理有效性，出现了千差万别的研究结果，然而，事实上它们中的大多数未能取得显著的成效，关键矛盾在于对提升绩效管理有效性的核心因素缺乏了解。多数研究者假设绩效管理系统中一些特殊的工具和精心设计的流程能够提升系统的有效性，进而关注开发最优的评级工具和流程，包括制定并规范各种评级幅度、使用不同的评分标准、选择不同的评估者等等。弗里德曼（Freedman, 2006）的一项调查研究表明，66% 的公司在不同的管理层级上使用同一套绩效管理系统；仅有 28% 的公司使用自动化的绩效管理系统。75% 的公司会进行两个层次的评估审核，在告知员工评价结果前，评估者需要与自己的上级领导一起审核反馈结果。这一阶段的研究者普遍认为技术因素引发了绩效管理的无效性，然而，管理者和员工对绩效管理的消极态度导致了系统再造过程的恶性循环，这就失去了研究的实际价值。

随着外部管理咨询市场的日渐成熟以及内部系统开发技术的渐趋完善，技术制约理论显然已经不再完全适用。企业管理者和学者不断把焦点转移到绩效评估双方的心理、态度与行为上，绩效评估的多篇文献将评估准确性作为研究重点（Spence & Keeping, 2011），探索影响评估准确性的核心因素。2008 年默瑟（Mercer）对 350 家美国大中型公司进行调查，超过 25% 的调查对象反映，公司的绩效评估者只具有最低水平的评估技能；仅有 12% 的调查对象认为他们的评估者技艺精湛。最近的一项调查研究中，超过 50% 的调查对象认为绩效评估并没有为员工的绩效改进提供准确的信息，将近 25% 的调查对象反映相比其他的绩效管理流程自己更惧怕绩效评估。绩效评估被大多数的管理者和员工所讨厌。他们认为所有的绩效评价体系都隐藏着严重的缺陷，评价过程被滥用、易受人为操纵。很多企业的管理者将绩效评价当成例行公事，草草行事，导致员工情绪低落，不利于生产率的提高。学者们开始探讨绩效评估公平性对绩效管理有效性的影响，尤其关注评估双方行为的作用。国外对评估双方行为影响因素的研究相对成熟，实证研究证实了评估动机（Embi & Choon, 2014）、评估技能（Biron et al., 2011）、评估双方在评估目的上的认知冲突（Spence & Keeping,

2013)、评估者个性（Tziner et al.，2005）、责任心（Tziner et al.，2002）、组织文化（Chiang & Britch，2010）等多个因素的影响。

20 世纪 90 年代末绩效管理理论开始进入中国，受到广大研究者和实践者的青睐，绩效管理一度成为一种潮流，在国内众多企业中广泛应用。然而，当前我国企业绩效管理的现状并不乐观，多数企业根本无法发挥这一管理工具的效用。理论研究也尚未出现系统探讨本土企业绩效管理有效性的文献。只有少数学者提出规范的绩效评估是保证绩效管理有效性的关键环节。对于国内企业绩效评估的现状，新优道管理机构针对珠江三角洲地区 20 多家中小企业的调查报告显示，超过 60% 的企业考评不到位，剩余企业的考评效果也不显著。中国传统文化根深蒂固，"以和为贵""集体主义""等级观念""人情法则""面子主义"等文化理念压抑了个体成员的积极性、参与性以及自主性，企业的中庸文化势必会影响绩效评估的准确性。

综上，绩效管理无效的现象在国内外企业中普遍存在，绩效评估的准确度制约着绩效管理的有效性。如何提升绩效管理有效性，首先需要形成有效的绩效管理行为，尤其是良好的评估双方行为。最新的绩效管理有效性研究不再试图改进管理的工具和过程，而是关注通过绩效管理系统内部和外部的资源整合，优化个体行为。鉴于行为与文化背景紧密关联，中国传统文化下的评估双方行为问题显得更加复杂。如何在本土文化背景下借助一系列干预措施形成良好的评估双方行为进而提升绩效管理有效性是极具现实意义的研究方向。

二、问题提出

总体来说，绩效管理有效性的理论研究中，通过改进评估双方行为提升绩效管理有效性的文献大多只是对二者关系的研究，加入评估双方行为前因变量后针对三者之间关系的研究较为缺乏。而且组织行为研究在本质上具有多层次的特征，现有研究呼吁组织情境和个体因素对良好评估双方行为的跨层次研究。虽然影响评估双方行为的因素有很多，但最为关键的是责任心，责任心对预测一系列的组织行为至关重要，尤其是对于良好的评估行为是特别重要的因素（Tziner et al.，2002）。

本书依托现实和理论背景，以组织文化这一情境变量为切入点，进入到管理心理学领域，选取评估双方责任心作为良好评估双方行为的实现路径，结合组织内部的问责机制，探索绩效管理情境中问责制和责任心的协同作用，提出了以责任心为路径、敬业行为为目标、问责制和组织文化为保证的研究主线，以全面揭示组织情境因素和个体特质因素对评估双方行为以及绩效管理有效性的作用机理，为中国企业绩效管理理论和实践提供科学的理论依据，也为评估双方行为提升绩效管理有效性的理论假设提供一个新的、全面的、准确的和更有说服力的支持。

本书提出的研究问题有以下几个：

（1）影响绩效管理有效性的核心因素是什么？

（2）评估双方责任心是否显著影响绩效管理有效性？如果是，评估双方的敬业行为是否在二者关系中起到中介效应？

（3）评估双方责任心的交互效应是否影响评估者、被评估者的敬业行为？

（4）问责制对绩效管理有效性是否存在跨层次影响？如果是，评估双方责任心是否在二者关系中起到跨层次中介效应？

（5）组织文化是否显著影响问责制和绩效管理有效性？组织文化作为情境变量是否跨层次调节个体因素对绩效管理有效性的影响？

第二节　研　究　意　义

企业绩效管理的有效实施有助于增加员工满意度、降低员工离职率、提升员工敬业度、实现组织的绩效目标，绩效管理的显著成效是组织有效性最大化的保证。当前企业绩效管理无效的现象普遍存在，在这一背景下，本书基于责任视角，结合组织内部的问责制，在组织文化氛围中探索绩效评估双方责任心如何提升绩效管理有效性，具有理论和实践的双重意义。

一、理论意义

第一，深化了责任视角下绩效管理有效性的研究，丰富了绩效管理有效性理论。

作为绩效管理研究的一项前沿课题，绩效管理有效性理论受到越来越多的关注，目前在实证方面取得了一定的进展，但尚未出现成熟统一的研究结论。本书关注绩效管理过程中的责任问题，较为系统和深入地探讨组织层面的问责机制如何通过强化绩效评估双方责任心进而形成评估双方的敬业行为，最终提升绩效管理有效性。研究从理论上探讨了绩效管理的致命问题，明晰了绩效管理有效实施的关键影响因素，弥补了先前理论研究的不足，为绩效管理有效性的理论研究指明了新的方向。

第二，探索并验证了组织绩效管理文化和绩效管理问责制的本土化构成。

中国传统文化根深蒂固，受儒家文化和价值观的影响，塑造了国内员工独特的行为方式，因此，针对中国企业问题的探究需要在本土文化背景下进行。当前在国内文献中尚未发现系统测量研究变量的文献，本书在概念界定的基础上，探索并验证了组织绩效管理文化和绩效管理问责制的本土化结构构成，系统开发了具有良好信效度的测量量表，实证证实了这些变量均对绩效管理有效性具有显著的正向影响。所得结论丰富了绩效管理的研究理论，也为后续绩效管理有效性的实证研究提供了基础性支持。

第三，揭示了问责制和评估双方责任心对绩效管理有效性的作用机理。

绩效管理有效性的关键是有效的绩效管理行为，组织行为研究需要在多层次下进行。然而，现有绩效管理有效性影响因素的研究只是考虑了单一层面变量的影响，跨层次研究较少。本书探讨了组织变量和个体变量之间的协同效应与交互效应，预期研究结果揭示了组织内部完整的绩效管理有效性影响机制，一定程度上弥补了绩效管理有效性跨层次实证研究的不足。

二、实践意义

绩效管理作为人力资源管理的一个重要模块，能否取得显著的成效，对企业、管理者以及员工的三方共赢，具有重要的指导意义。

第一，探讨企业绩效管理无效背后的责任问题，有助于实现企业管理者对"责任"的重视，从而制定具体可行的干预措施，营造"责任氛围"、强化行为人的责任意识，为企业相关制度的完善、建立与推行提供理论指导。企业良好的责任氛围和个体强烈的责任感对绩效管理有效性的提升具有重要的现实意义。

第二，明晰问责制和绩效评估双方责任心对绩效管理有效性的作用机制，以及绩效管理文化的调节作用，对于促进中国企业改善绩效管理实施环境、构建绩效管理文化、建立健全问责机制、培养具有责任意识和敬业精神的评估者和被评估者具有重要的指导意义。

第三，研究组织情境因素和个体因素的交互作用，有助于企业管理者从整体上把控影响绩效管理实施效度的关键因素，具有重要的实用价值。本书对当前绩效管理实施过程中出现的一些难题提出了建议和对策，增强了国内企业绩效管理的效度，建立起绩效管理的长效机制，提升了组织的人力资源管理平台。

第三节 研究的创新点

第一，把问责制理论引入绩效管理研究中，剖析其对绩效管理有效性的作用机理。

国外企业问责制理论日渐丰富，然而，国内问责制的理论研究主要集中在政治学和教育学领域，是一个静态的概念，关注定性描述问责制作为一种制度集合的应用价值，而对企业问责制理论几乎不做研究。本书把问责制扩展到组织心理学领域，强调问责制的中观本质，它在组织层面表现为责任，在微观层面表现为责任心，是一个动态的概念。通过文献检阅，阐明了绩效管理问责制的内涵，定性归纳并检验了绩效管理问责制的结构维度，开发了测量量表，提出了绩效管理问责制通过评估双方责任心影响绩效评估行为，最终作用于绩效管理有效性的研究思路。这为绩效管理有效性理论的实证研究提供了一个新的框架和视角，丰富了企业问责制理论，弥补了国内企业问责制欠缺实证研究的不足，也为企业的绩效管理实践提供了理论依据和指导。

第二，探索了影响绩效管理成效的情境因素，实现了对绩效管理软环境的研究。

探讨绩效管理实施的环境因素以及构建绩效管理文化，是当今绩效管理有效性理论研究的一个趋势。本书迎合这一研究主题，将组织文化作为绩效管理的一个情境因素，结合中国传统文化和组织管理文化的特征，清晰界定了绩效管理文化的概念，探索并验证了概念的结构维度，开发了具有良好信效度的测量量表，进一步揭示了与问责制之间的紧密联系。绩效管理文化结构模型的构建完善了绩效管理理论，在文化情境下探讨绩效管理有效性，弥补了现有理论的不足，为深入开展绩效管理有效性的研究提供了实证工具。

第三，构建了整合微观和宏观层面的跨层次理论模型，揭示了绩效管理实施过程中问责制和责任心的联动作用。

组织问责制和个体责任心是影响绩效管理有效实施的关键因素。开发有效绩效管理模型的第一步就是要将绩效评估环节与系统外部的问责制度相结合，以保证绩效评估有足够的透明度，而个体的责任心水平直接决定了绩效评估的效度。目前，尚未发现问责制、责任心或二者之间的协同作用影响绩效管理有效性的实证研究，忽略了跨层次变量之间的整合研究。本书弥补了已有研究的不足，将个体层面的责任心与组织层面的具体情境相结合，提出中国绩效管理情境下，综合微观层面和中观层面的整合责任模型，从生态学视角动态的关注情境和个体的互动，为绩效管理理论和实践指导做出了积极的贡献。

第四节　研　究　内　容

本书针对绩效管理有效性学术研究中的薄弱之处和具体实践应用中存在的缺陷问题，通过调查与实证研究，基于责任视角探讨绩效管理实施有效性的影响因素，并通过理论分析寻找组织问责制影响绩效管理有效性运作机理的理论脉络。构建"组织绩效管理文化→绩效管理有效性"的路径模型，全面分析情境因素和个体因素的联动作用，为本土企业开发高效的绩效管理系统提供理论支撑。具体的研究内容如下：

第一章：导论。从研究背景入手，阐明探讨企业绩效管理有效性的研究目的和研究意义，阐述本研究的创新点，归纳本书主要的研究内容和具体使用的研究方法，最后说明研究遵循的技术路线。

第二章：文献回顾与述评。本章分别对组织文化、问责制、责任心、敬业和绩效管理有效性以及变量之间关系的国内外成熟理论文献进行系统的梳理、分析与评述，形成一套系统的理论体系，为后续研究假设的提出奠定了坚实的基础。

第三章：理论拓展与模型构建。在对现有研究成果进行系统回顾的基础上，本章首先根据以往研究中的不足之处以及学者们对未来研究主题的呼吁，提出本研究拟要进行和解决的问题。其次，对研究变量的核心概念加以清晰的界定。最后，根据研究问题，在成熟理论支撑的基础上，逻辑推理得出本书所有研究变量间可能存在的因果关系，并据此提出研究假设，构建全书的理论框架模型。

第四章：研究设计与数据收集。本研究测量量表的来源主要有三种形式：对于已经完全成熟的量表，我们予以直接采用；对于那些相对成熟的量表，本书在系统梳理已有量表的基础上，结合本土文化特征和本书的研究目的进行一定程度的修改和完善，形成适用于本研究的测量量表；对于一些不成熟的量表，本研究根据量表的设计原则和要求，结合文献，通过深度访谈，自行开发形成初始量表，并邀请三名人力资源专家对量表的构思及描述进行把控和修订。最后，对全部的初始量表进行小样本调查，检验各量表的信度和效度，剔除不满足标准要求的测量题项，通过进一步的完善和修订，形成最终量表。

第五章：绩效评估责任心对绩效管理有效性的影响机制研究。主要包括个体层变量测量的信度和效度检验、评估双方责任心对绩效管理有效性的直接效应检验、评估双方行为在二者关系中的中介效应检验以及评估双方责任心的交互作用检验。

第六章：绩效管理问责制对绩效管理有效性的影响机制研究。主要包括绩效管理问责制测量的信度和效度检验、绩效管理问责制对绩效管理有效性的直接效应检验以及评估双方责任心在二者关系中的跨层次中介效应检验。

第七章：组织绩效管理文化的情境效应检验。主要包括组织绩效管理文化测量的信度和效度检验、组织绩效管理文化对绩效管理问责制的直接效应以及组织绩效管理文化在评估双方责任心与绩效管理有效性关系中的跨层次调节效应检验。

第八章：研究结论与展望。本章总结假设检验得出的全部结论，对比以往的研究成果展开讨论，阐述本研究的理论贡献和实践启示。最后，说明本研究所存在的不足之处，并指明未来的研究方向。

第五节　研究方法与技术路线

一、研究方法

为了保证本研究的科学性和规范性，整体研究采用定性与定量研究相结合，理论与实证研究相统一的方式对全部研究问题展开分析和讨论，具体采用的研究方法如下：

（一）文献研究法

通过检阅国内外相关文献，厘清各研究变量的内涵、结构维度、测量方法、前因变量以及结果变量等。总结现有研究的不足之处，并在此基础上拓展提出本书的研究问题，构建责任视角下中国企业绩效管理有效性影响因素的理论驱动框架，并以此作为理论模型支撑后续研究假设的提出和检验。

（二）深度访谈法

深度访谈法是一种定性的研究方法，主要应用于探索性研究阶段，通过访谈了解事物的脉络以及事物之间彼此的相互关系。本研究采用半结构化访谈，探索我国企业在实施绩效管理的过程中所遇到的问题有哪些？阻碍其有效实施的显性和隐性因素有哪些？同时，根据访谈收集的资料，基于经典扎根理论的质化分析方式，探索了中国文化背景下组织绩效管理文化和绩效管理问责制的多维构思，并在此基础上编制了本土化的测量量表。

（三）问卷调查法

问卷调查是管理学定量研究中最为普及的方法，具有很强的实用性。本研究采用直接沿用现有量表和自行设计量表相结合的方式形成调查问卷，通过问卷调查和实地调研，获取所需的研究数据，为后续的实证检验作准备。

（四）实证研究法

实证检验中需要运用一些统计软件对研究数据进行处理和分析。本书主要通过 SPSS19.0 软件对各测量量表进行探索性因子分析，以剔除量表中不符合测量要求的题项，保证测量质量；通过 LISREL8.70 软件对各测量量表进行验证性因子分析，检验量表内部结构的同时，验证各研究变量之间的聚合效度和区分效度，以支持后续因果关系的检验；通过 HLM6.08 软件对各测量变量的数据进行跨层次检验，分析各变量之间的因果关系，验证理论假设。

二、技术路线

本研究遵循"提出问题→分析问题→解决问题"的研究思路。第一步，预研究阶段，通过对现有文献的梳理及分析，结合对企业员工的实地考察，将研究范围聚焦在企业绩效管理有效实施的影响因素上。第二步，前期准备阶段，阅读、梳理与这一研究主题密切相关的研究成果，界定本书的研究问题是在责任视角下探讨企业绩效管理有效性的核心影响因素。进一步在理论分析的基础上，提出研究假设，构建理论模型框架。同时，基于现有的研究成果，归纳、整理以及编制研究变量的测量量表，并对初始量表进行小样本预试，进一步修订完善初始量表，形成最终测量量表。第三步，主体研究阶段，首先，基于方便抽样的原则，采用纸质问卷和电子问卷的方式进行正式的问卷调查；其次，对问卷调查中收集的有效数据进行基本的统计分析，以保证测量的准确性，包括探索性因子分析、验证性因子分析、描述性统计分析、共同方法偏差检验以及聚合检验；最后，假设检验，通过回归分析和跨层次分析，验证各项研究假设是否成立，检验各研究变量之间的潜在关系。第四步，整合应用阶段，归纳研究所得的全部结论并讨论它的实用性，总结本书的理论贡献、研究启示、研究的不足之处以及对未来研究的展望。本书的技术路线如图 1 - 1 所示。

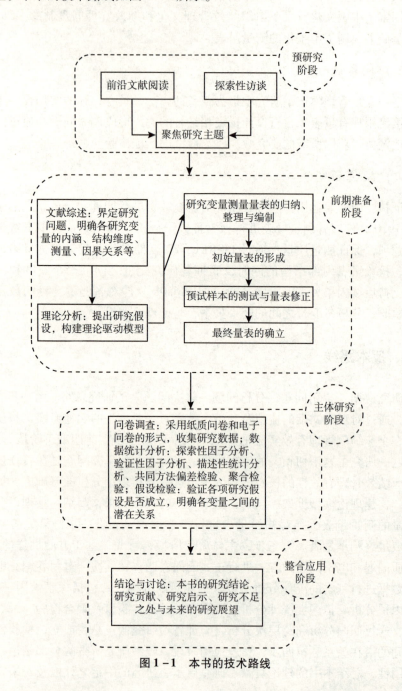

图 1 - 1　本书的技术路线

第二章

文献回顾与述评

　　文献综述主要是在研究问题确定后，对与本选题相关的研究成果进行大量的检索和阅读；对文献中出现的不同观点进行系统的整理与归纳；对该选题当前的研究现状、研究不足以及发展趋势等问题进行全面深入的分析；最后做出系统的论述和评论，为研究的顺利进行奠定坚实的理论基础。

第一节　组织文化的相关研究

　　20 世纪 80 年代，研究者将组织文化的概念引入管理学界，成为管理学领域经久不衰的热点话题。不仅如此，组织文化也被实践领域高度重视，喊出"成在战略，败在文化"的口号。组织文化作为组织行为引导和员工管理的总纲领，对个体行为的影响是无形却又相当显著的。组织文化客观存在于每个组织中，通过价值观传递、制度要求和行为规范等引导并塑造员工行为，保障组织目标的实现。强大的组织文化是企业赢得竞争、持续成功的幕后驱动力。

　　由于研究视角和研究途径的不同，当前组织文化研究出现了很多特定的研究方向，整体研究呈现出多元化的态势。考察组织实践活动中某一特有的组织文化日渐成为学者关注的热点问题。越来越多的研究者开始探讨更细小、更专业化的组织文化分支，比如，伦理组织文化、绩效导向的组织文化、学习导向的组织文化等等。本书迎合这一研究趋势，探究绩效管理的软环境，在组织文化的理论基础上研究绩效管理文化。

一、组织文化的概念

作为一种组织层面的情境因素，组织文化一直是管理学研究的热点。霍夫斯泰德（Hofstede，1980）将组织文化定义为一种"组织心理"或"组织潜意识"，它一方面源自组织成员的行为，另一方面又作为"共同心理程序"，影响着组织成员的行为。施恩（Schein，2004）提出组织文化是一组共享的、被广泛接受的价值体系，由组织中的个体持有并决定如何感知、理解以及做出何种反应。这一概念涵盖了组织文化的三个基本特征：（1）通过成员间的相互作用进行传递；（2）影响组织成员的工作行为；（3）可以在不同的组织层次上进行操作。以往的组织文化研究主要是基于隐喻和变量两个视角，虽然采用的研究假设不同，但两种视角都表明，文化能够控制成员的行为。综观组织文化的特征和内涵，本研究认为组织文化形成于长期的实践活动中，是有别于其他组织的一种特质，通过一系列价值观体系与行为规范的宣贯，影响成员认知、思考和感觉的方式，促使组织成员达成一致性期望。

二、组织文化的维度与测量

从现有组织文化的测量研究来看，主要分为定性评价和定量测量两类。定性评价主要是针对人类学领域的组织文化研究，即隐喻视角下的组织文化。通过文献研究、逻辑推理以及案例分析等方式，对特定情境下的组织文化进行深度的探询与挖掘，以精确探查组织文化的特征。对于变量视角的组织文化研究，主要采用了社会学功能主义的观点，选择定量研究的方式，通过分析组织文化的结构和维度，使用问卷调查法或实验研究法，对组织文化进行测量、诊断和评估，以探讨组织文化与其他变量之间的关系。在众多的组织文化测量量表和模型中，比较有代表性和影响力的是：

（一）霍夫斯泰德等（Hofstede et al.，1990）的组织文化测量分析框架

霍夫斯泰德等（1990）从组织文化本身的内容和结构出发，将其划分为实践和价值观两个维度。其中，价值观又包括对权威的需要、对安全的需要、以工作为中心三个子维度；实践由六个成对的子维度构成，包括过程导向与结果导向、员工导向与工作导向、开放系统与封闭系统、职业导向与社区导向、实用文化与

规范文化、松散控制与严密控制。实地测量的结果显示，对于不同的分析单元，价值观部分的差异明显小于实践部分的差异，表明不同组织之间组织文化的差异主要是来源于实践部分的六个维度，霍夫斯泰德强调在研究应用中可以只通过实践部分的六个维度进行组织文化的测量。

（二）奥赖利等（O'Reilly et al.，1991）的组织文化剖面图（OCP）

查特曼（Chatman）认为，组织文化就是组织成员共享的价值观体系，基于组织成员对文化认可的角度，构建了组织价值观的 OCP 测量量表。量表包含进取性、稳定性、革新性、注意细节、尊重员工、结果导向以及团队导向七个维度，共 54 个测量题项，每个维度包含的测量条款数目按 2 - 4 - 6 - 9 - 12 - 9 - 6 - 4 - 2 分布。在个体—组织契合度的研究文献中，OCP 是最常用的组织价值观测量量表之一，多项实证研究证实该量表具有较好的信度和效度。

（三）丹尼森和米什拉（Denison & Mishra，1995）的组织文化问卷（OCQ）

丹尼森和米什拉采用案例研究的方法，构建了组织文化特质理论模型（TM-CT）。该模型通过两个成对的维度，外部适应与内部整合；稳定与变化，将组织文化划分为四个特质，即适应性、目的性、一致性和参与性。每个特质又分为三个子维度，适应性由组织学习、顾客至上、创新变革组成；目的性由战略导向、目标、愿景组成；一致性由核心价值、协调整合、配合组成；参与性由授权、团队导向、发展能力组成。丹尼森在 TMCT 的基础上，进一步开发了 OCQ 量表，由 60 个测量题项组成，在管理实务界获得了广泛的使用，多项实证研究表明量表具有较好的信度和效度。

（四）卡梅伦和奎因（Cameron & Quinn，1999）的组织文化评价量表（OCAI）

竞争价值观框架（Competing Values Framework，CVF）包括两个成对的维度，灵活性与稳定性；关注内部与关注外部，这两个维度将组织文化划分成四种不同的类型：市场型、宗族型、层级型和活力型。卡梅伦和奎因在 CVF 的基础上构建了 OCAI 量表，该量表通过员工管理、领导风格、主导特征、组织凝聚力、战略重点以及成功标准六个方面测量组织文化。整个量表包括 24 个测量题项，每个要素包括四个题项，分别对应着组织文化的四种类型。这一量表在组织文化变革研究中具有很大的实用价值。

（五）郑伯壎（2001）的组织文化价值观量表（VOCS）

郑伯壎基于施恩的组织文化研究成果构建了组织文化价值观量表（VOCS），该量表包含顾客取向、卓越创新、科学求真、团队精神、同甘共苦、表现绩效、正直诚信、敦亲睦邻以及社会责任九个维度。这一量表是在中国文化背景下发展起来的，是一个完全本土化的量表，构建者通过多次实证检验验证了此量表具有很好的信度和效度，能够有效地区分不同文化背景下的组织文化。

三、组织文化的影响因素和结果变量

（一）影响因素

组织文化不是凭空出现的，它的形成是环境、时间和人物共同作用的结果。目前对于组织文化形成和影响因素的研究主要基于两种观点进行（冯明等，2013）。（1）领导理论观点，强调领导在组织文化产生和演进过程中的重要作用，认为组织文化的内涵是领导者的深层假定及其个人价值观的反映，组织领导者是组织文化的创造者。柯和魏（Ke & Wei，2008）在ERP系统中分析了领导和组织文化的关系，指出领导风格对组织文化有着重要的影响。通过理论分析领导者在组织文化不同发展阶段中的重要角色。孙玮（2013）发现，领导者在组织文化的初期建立、中期发展以及后期成熟阶段都起到至关重要的作用。云鹏等（2015）选择苹果公司为案例对象，研究了魅力型领导与组织文化之间的关系，指出魅力型领导通过持续优化的人力资源管理建立并优化组织文化。托尔和奥弗里（Toor & Ofori，2009）通过构建多层次领导模型，实证检验了伦理型领导与员工产出和组织绩效之间的关系，指出伦理型领导有助于提升员工产出和促进伦理型组织文化的构建。邓志华和陈维政（2015）实证分析了服务型领导、组织文化与员工绩效之间的关系，发现服务型领导正向影响团队式文化、市场式文化和创新式文化、负向影响等级式文化。（2）学习互动论观点，强调学习互动在组织文化产生和演进中的作用。这一观点认为，组织文化是一种多元的概念，由很多个亚文化组成，亚文化是通过组织成员之间的相互学习与互动产生的。学习互动论观点下的组织文化影响因素研究，主要集中在定性研究领域，理论分析组织成员对组织文化的影响。林家五等（2004）指出，学习互动论为解释成员在组织文化形成和演进过程中的作用提供了很好的理论支撑，有效解释了组织文化中存在的次文化、亚文化现象以及组织文化演变的原因。

（二）结果变量

根据研究者所关注问题的差异，将组织文化的影响结果分为直接结果和最终结果两类。直接结果是组织文化对员工态度和行为的直接作用，大量的实证研究表明不同组织文化的类型、强度以及某一类特定的组织文化都会对企业员工的工作态度产生重要的影响。工作态度方面：（1）工作满意度，李成彦（2006）揭示了组织文化的参与性与员工满意度之间的正相关关系；（2）情感承诺，樊耘（2010）实证检验了组织文化对员工的情感承诺具有正向的积极影响；（3）工作投入，塔基（Tuckey，2012）证实了组织中的文化氛围与工作投入之间存在着显著的正相关关系；（4）离职倾向，程自勇（2012）实证分析了组织文化与员工离职倾向显著负相关。员工行为方面：陈卫旗（2013）实证检验了组织文化对员工创新行为的影响。哈奇安等（Khachian et al.，2016）揭示了组织文化中的结果导向与护士的敬业行为存在显著的相关性。

最终结果是组织文化对组织有效性的间接作用，文献中出现最多的是组织绩效。李海和张勉（2012）以人力资源整合为中介变量、环境不确定性为调节变量探讨了文化契合度对企业绩效的影响，结果表明，组织文化的强度通过人力资源整合的中介作用显著影响财务绩效；环境不确定性显著正向调节文化契合度与企业绩效之间的关系，在高不确定性的环境下，文化契合度与企业绩效的关系更强。

四、评析

文献梳理中发现，现有组织文化的理论研究还存在着较多的不足。首先，组织文化的内涵、维度和测量尚不统一。鉴于组织文化具有很强的环境依赖性，后续相关研究应该考虑传统文化的影响，构建中国情境下的组织文化结构模型，以提升结论的有效性。其次，随着组织文化价值的日渐凸显，越来越多的研究者开始关注组织实践活动中一些特有的组织文化，如学习导向组织文化、绩效导向组织文化等。目前相关研究还处于起步阶段，后续研究中有关组织文化在人力资源实践中的作用机制探究有待加强。最后，组织文化的结果变量有待丰富，除了绩效以外，影响组织有效性的哪些变量还可以作为组织文化的结果变量，以及组织文化作为中介变量和调节变量的间接效应等实证研究有待进一步丰富。

第二节 问责制的相关研究

问责制作为基本的规范执行机制，普遍存在于社会系统中，任何一个组织不论规模大小，必须具备正式与非正式的问责制，以强化组织成员对自身角色责任的认知和履行。问责制的功能是控制权利、实现期望、促进绩效改进，它在本质上是一个多层次构念，普遍存在于组织的各个层次中。近年来，问责制被描述为"现代流行词"受到不同学科领域的广泛关注。本书将问责制引入企业绩效管理的情境中，通过对问责制研究文献的梳理，进一步认识和探索绩效管理问责制。

一、问责制的概念

（一）问责

从词源上来看，问责（accountability）源自拉丁语"computāre"一词，其中，"com"是"在一起"的意思；"putāre"是"评估、计算和考虑"的意思。问责字面上的解释就是某人或某事能够被"说清楚"（accounted for）或者"算清楚"（counted up）的"能力"（ability）或者"可能性"（possibility）。问责最早出现在财务会计中，与"accounting"相近，关注如何记账、保存账本、支出资金等问题。20世纪以来，问责的内涵逐渐超越了最初的财务会计范畴，进入到政治学领域，政治家和政府监管机构频繁呼吁政府中的问责。对于问责的概念，科瓦奇（Kovach，2003）指出，问责是一个过程，个人和组织应该对其行为以及随之产生的后果负责。问责也被定义为一组社会关系，在这一关系中，行为人能够意识到（或被要求）有义务就其行动向其他行为人提供解释和辩护（马骏，2009）。我国《〈关于实行党政领导干部问责的暂行规定〉学习问答》一书中把问责解释为责任追究，有关方面依照相关规定，通过规范的程序，追究那些不正确履行甚至不履行职责义务的相关责任人的责任（张志明，2009）。

目前国内外学者对于问责概念的界定依然不尽相同，然而，大多数学者提出对问责内涵的把握必须包含两个方面：一是应答性，说明并解释所发生的事情；二是奖惩性，承担行为结果的责任。本书认为，问责就是问与责实现统一的过程，在这一过程中责任主体向责任委托方说明并解释自己的行为；责任委托方就责任主体的行为结果进行实时的询问与追究。问责是一种保障责任实现的重要方式。

（二）问责制

准确来说，问责制的学术研究是在 25 年前开始的，1997 年纽约时报报道了 335 篇有关问责制的文章，从那时起问责制开始成为政客们的呼声、商业改革家的话题。问责制研究开始主要集中在政治学领域，现有研究已经跨越了从实验室到实践领域的多个学科，问责制作为一个实现组织不同期望和价值的制度集（王柳，2016），没有人否认问责制对管理现代化的重要价值和意义。对于问责制的概念，通过文献检阅，主要表现为三个方面：（1）从字面意思来看，问责制其实是一种静态意义上的问责，当问责表现为一种制度或规范而不是动态的活动或过程时，就是问责制。本质上，问责制就是有关"问责"的一系列制度安排，即有关"谁来问责""问谁的责"以及"怎样问责"的制度性规范（赵峰，2013）。（2）抽象意义上的问责制，认为它是一种责任追究制度，即特定的个体和组织基于标准化的程序，追究那些未履行或不正确履行责任的主体，促使他们承担道德、法律和政治责任，并接受谴责、处罚的一系列条例和办法的总称（胡洪彬，2016）。（3）特定领域里的问责制，①行政问责制，即特定的问责主体就公共责任承担者所承担的职责和义务的履行情况，监督并要求责任主体承担否定性结果的一类规范（周亚越，2008）。②教育问责制：政府通过立法，明确教育活动各参与方的责任与权利，采用责任客体向责任主体解释、说明或证明等方式进行，并加入奖惩措施的一系列制度体系（司林波等，2016）。③企业问责制：它是一个多层次构念，用来描述企业不同层次上的态度与行为，它被看作是企业政策和实践活动，也是企业对利益相关者（供应商、顾客等）的行动进行控制、约束以及监督的方式（Brown & Moore，2001）。简单来说，企业问责制就是激励和约束企业经营者的监管机制，也是企业利益相关者参与共同治理的保障机制（王淑洁，2013）。

政治学领域和教育学领域的研究中，普遍把问责制界定为一系列与责任相关的制度集合，是一个静态的单向概念，强调组织对成员自上而下的规范和约束。本书将问责制扩展到组织心理学领域，关注问责制的中观属性，它在组织层面表现为责任，在个体层面表现为责任心。问责制是责任与责任心的升华，是试图把责任心与具体的情境相结合然后在组织层面上形成的一种控制和约束机制。界定问责制是一个动态的概念，强调组织与成员之间的双向相互作用。组织通过建立健全问责制激发成员的责任心，反过来成员的责任心水平又是组织树立正确的问责制的前提条件。问责制就是组织基于战略发展目标和期望制定的一系列制度与规范，用于在组织的生产经营过程中，引导、约束、控制以及奖惩组织成员的行为，帮助实现组织目标。问责制的作用途径主要表现在三个方面：一是事前明确，在组织成员责任履行之前，明确组织成员的责任认知，让成员清楚地认识到自己需要履行哪些职责与义务、如何履行、要达到怎样的结果、不履行或者不正确履行时会受到怎样的惩罚、正确履行时会获得怎样的奖励等。二是事中控制，在组织成员责任履行的过程中，实时监督和控制成员的行为，对于错误的行为给予及时纠正。三是事后奖惩，组织成员责任履行之后，通过将成员责任履行的结果与具体的制度标准相对照，严格依据标准给予成员相应的奖励或惩罚。

二、问责制的中观理论

（一）微观层面的问责制研究

纵观问责制的基础研究，最有代表性的是施兰克等（schlenker et al.，1994）开发的金字塔模型，该模型是在"职责三角模型"的基础上加入了"评价者"因素后形成的，施兰克认为问责制的核心问题是基于职责的评价问题，它被定义为一种规范性的概念，是个体行为的一套标准或期待任务完成的状态。组织通过制定行为规则和标准，并依照这些标准进行评价，最后以评价结果为依据进行相应的奖赏或惩罚。在这一过程中问责制起到帮助个体说明并解释其行为的作用。当前微观层面的问责制研究跨越了多个学科领域，呈现多样化特征，但几乎所有研究都集中在个体行为方面。霍克瓦特等（Hochwarter et al.，2005）证实了问责制与个体工作紧张之间呈现非线性关系。德卓鲁等（De Drue et al.，2005）指出过程问责制能够减少个体之间的争议并有效抑制自我膨胀。哈尔等（Hall et al.，2006）检验了问责制与个体压力（焦虑、工作满意、筋疲力尽）的关系。梅罗（Mero，2007）验证了评估中可感知的问责制与个体工作产出之间的关系，同时还证明了个体差异在这一关系中的作用。

（二）宏观层面的问责制研究

宏观视角下的问责制研究主要与公司治理和组织公民行为有关，在这里问责制是一种约束和控制机制。从组织层面看来，问责制能够被划分为三个独立而又互补的分支。其一，问责制可以被视为组织政策和实践活动，这一分支中问责融合了代理理论，组织所有者依赖代理人实现其目标，而代理人所追求的目标及其行为方式与所有者的目标可能是不一致的，问责制的出现就是为了监督、约束代理人的行为，确保其追求的目标及实现目标的方式与所有者相统一。其二，组织问责制可以被视为对组织利益相关者需求方面的政策和实践活动进行控制、执行和监督的方式。多项研究探讨了利益相关者的满意度与组织成功之间的关系，并证实了关注利益相关者与组织之间良好关系的重要性，然而，组织中维持这一良好关系的关键就是问责制。其三，问责制可以被视为组织在社会和自然环境中所承担的角色。面对日益严峻的社会和环境问题，组织需要遵守更为广泛和严格的社会和环境问题，即组织需要承担更多的企业社会责任。通过组织的公共问责平台，可以更好地约束和规范组织行为，最大程度减少组织对社会失责行为的发生。近期学术界对宏观问责制的研究开始强调企业治理和渎职问题。

（三）中观层面的问责制研究

组织是一个多层次的系统，各个单元层层相扣，相互影响、相互作用，传统单一微观或宏观视角下的问责制研究并不符合组织行为研究的多层次特征，学术界呼吁全面、深入剖析组织行为需要在中观视角下进行。中观层次研究代表了一种情景化形式，是将微观和宏观层面整合在一个模型中进行跨层次分析，它是学术研究的重要组成部分（Klein et al.，2004）。豪斯等（House et al.，1995）提出中观研究必须满足三个条件：（1）至少包括一个个体层次或群组层次的构念或过程；（2）至少可以整合成一个组织层次的构念或结果；（3）个体/群组层次和组织层次之间的分析是相连的。特洛克等（Tetlock et al.，1999）的社会权变模型指出，问责制本质上是一个连接个体和组织的多层次构念，为了充分理解其在组织中的动态性需要考虑跨层次之间的互动效应。这被学术界特定为代表组织研究中中观理论进步的一个现象。尽管大多数专家已经清楚地认识到这一现象，并开展了实质性的理论研究，但目前为止多数问责制的实证研究中也只是考虑了单一层面变量间的关系。

现有问责制的中观理论模型中最具有代表性的是哈尔（2005）开发的组织问责制整合模型。该模型充分考虑了组织情境因素的作用，直观地显示了组织和个体层面问责制动态性传递和作用的过程，模型见图 2－1。

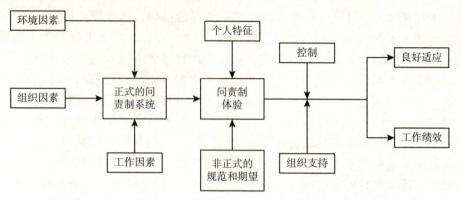

图 2 - 1 哈尔的组织问责制整合模型

三、问责制的维度与测量

（一）问责制的维度划分

目前问责制的维度划分主要集中在企业问责制领域，而且划分标准也不尽相同。施兰克（1994）在责任三角模型的基础上，开发了问责制的金字塔模型，包括行为规范、与行为规范相关的事件、与行为规范和事件相关的参与者以及评价者四个部分。模型反映了，问责主体依照制定的行为规则和标准，进行绩效评价，并以评价结果为依据进行奖赏或惩罚。问责制的核心问题是基于职责的评价问题。卡恩斯（Kearns，1996）提出了概念化的问责制集成框架，该模型将问责制划分为三个维度，组织内部对问责制环境的反映——战术的或战略的、组织和个人对公认的权威负责——向上的或向下的、组织和个人承担责任的绩效标准——内隐的或外显的。布里克（Dubnick，2003）提出问责制包含关注行为个体或关注行为情境、情境结构化或情境不稳定两个成对维度并基于这两个维度划分了四种类型的问责制分别是响应性问责制、可责性问责制、负责性问责制及归属性问责制。全球信任组织（One World Trust）开发了全球责任框架（The Global Accountability Framework），将问责制划分为四个维度，包括透明度、参与性、评价、投诉与反馈机制（Blagescu et al.，2005）。伍德和温斯顿（Wood & Winston，2007）以特洛克（1999）的社会批判和选择模型以及印象管理模型为基础，从职责、开放性和响应能力三个方面测量了领导问责制。弗林克等（Frink et al.，2008）的组织问责制中观理论认为，对个体行为进行预测和控制的压力迫使组织各个系统中建立支持预期行为的机制，鉴于系统的复杂性，这些机制逐渐演变成责任体系，问责制就是组织内一系列责任体系的总称。包括三个基本组成部分：问责形式（正式的与非正式的）、问责角色（责任主体与问责主体）和问责焦点（关注过程与关注结果）。韦伯（Weber，2011）在问责制概念和特征的基础上，将其划分为责任标准、奖惩机制和信息反馈机制三个维度。

国内对于问责制的研究相对滞后，当前主要集中在政治学和教育学领域，这些学科一般采用定性分析的方法，考查问责制的概念界定、价值建构、实施状况和发展策略等，缺乏定量分析的实证研究。周亚越（2008）提出政府问责制构成的基本元素包括问责范围、问责程序、问责主体、问责客体、问责的责任体系以及问责后果六个部分。孟祥科（2007）认为一个组织或部门有效的问责制应该包括明确责任、权利授予和全面实施体系化控制三个部分。冯瑶（2007）提出教育问责制包含标准、职责、评估、报告、奖惩五个维度。对于企业问责制的研究，当前主要是冯明和张怡阁（2012）采用实证的方法构建了中国企业背景下责任制的内部结构模型，包括责任环境、责任体系、奖惩机制、控制与支持四个维度。

（二）问责制的测量

现有问责制的实证研究较为不足，缺少有代表性和影响力的测量量表。少数的几篇文献中，研究者根据研究目的自行设计了量表，量表之间存在较大的差异，普适性较低。霍克瓦特等（Hochwarter et al.，2003）开发了个体层次问责制的单维量表，共8个测量题项，如：我经常需要解释在工作中我为什么要这样做。实证研究证实了该量表具有较好的信度和效度（$\alpha = 0.73$）。霍克瓦特等（2005）在8项个体问责制单维量表的基础上，精简出包含4个题项的领导者问责制量表。如：我总是将我犯下的错误迁怒于我的下属。哈尔等（2005）将组织中正式的问责制划分为责任来源、责任焦点、责任突出点和责任强度四个维度，并在此基础上开发了包含22个测量题项的正式问责制量表。冯明和张怡阁（2012）在企业责任制结构维度的基础上开发了包含18个测量题项的企业责任制量表，并实证检验了量表具有良好的信效度（$\alpha = 0.93$）。

四、问责制的影响因素和结果变量

（一）影响因素

（1）环境因素，弗林克和克里莫斯基（Frink & Klimoski，1998）认为环境因素（如行业因素和标准、专业机构和认证机构、法律制度）对企业问责制的动态变化有重要影响。主要通过两种途径发挥作用：第一，通过企业与其他实体之间的关系直接影响企业问责制，这种关系表现为实体可以要求企业提供财务报表、响应规则和信息标准等（Gelfand et al.，2004）。第二，通过正式问责制体系间接影响问责制（Ferris，1997）。环境因素的影响是向下传导的，从外部环境开始，通过作业和内部环境最终到达微观层次。（2）组织因素，费理斯（Ferris，1997）通过分层操作检验了组织特征因素对问责制感知的影响，结果表明，对责任的感知随着等级层次的增加而增加。除此之外，其他组织因素，如控制跨度和集权也会影响问责制的感知。盖尔芬德等（Gelfand et al.，2004）通过分析三种文化（个人主义与集体主义、密集文化与松散文化、权利距离）作用下问责制的具体表现形式，构建了与组织文化相关具有不同性质和结果的组织问责制体系，揭示了组织文化与问责制之间的正相关关系。（3）个人因素，部分实证研究证实了个体特征因素可以作为问责制感知的前因变量。哈尔（Hall，2005）实证检验个体特征与问责制感知之间的关系时发现，A 型行为模式中追求成就的维度、自觉性以及和谐性与问责制感知之间存在显著的正相关关系。

（二）结果变量

企业问责制的结果变量主要集中在工作态度和绩效两个方面，分为积极结果和消极结果两大类别。（1）积极结果，问责制是社会或组织规范的强制执行者（Magee et al.，2005），通过员工之间的相互影响，约束控制个体行为。学者普遍认为在较强的问责制约束下，成员更容易接受组织的期望和要求，进而产出更多积极的结果。托马斯等（Thoms et al.，2002）发现问责制与工作满意度之间存在正相关关系，强调把精确和集中作为问责制的积极结果。（2）消极结果，部分学者发现问责制存在"黑暗面"，会引发一些负面结果。问责制意味着增强监管和评价，这会带来个体对工作环境的负面感知，而且在问责制的约束下，员工需要承担更多的责任，导致个体困惑、行为冲突、压力增加。过大的压力就会造成缺勤率上升、生产率下降（Xie & Schaubroeck，2001）。哈尔等（2003）证实问责制感知与工作紧张/焦虑之间存在显著的正相关关系。鉴于问责制作用结果的两极化，研究者开始强调适中强度的企业问责制是必要的（Hochwarter et al.，2005），过强的问责制会让员工感到受控过度产生消极行为。哈尔和费理斯（2011）实证检验了问责制与任务绩效、关系绩效之间的关系，揭示了问责制与绩效之间呈现倒"U"型的非线性关系。

五、评析

问责制作为一种实现组织期望和价值的制度规范，一直以来受到不同学科领域的广泛关注，积累了一些具有实用价值的文献。然而，目前国内问责制的理论研究还存在着一定的不足：（1）问责制在政治学领域已经走上了制度化轨道，问责和制度观念深入人心，但企业管理领域中的问责制研究却鲜有涉及。后续研究中管理学家应该重视并积极探索问责制在本土企业管理中的应用。（2）不同学科的研究者，根据各自的研究目的，采用不同的研究方法，得出了一些差异化的结论，当前问责制的内涵、维度划分和测量等方面尚未形成统一的界定，尤其是问责制在企业管理领域的应用研究还处于初级阶段。（3）现有问责制的定量研究较为不足，除了绩效与工作态度变量以外，问责制还会影响哪些组织和个体变量，作用机理如何，哪些因素会影响问责制的动态变化，如何界定问责制强度的最佳水平点等问题有待解决。对于一些具体情境中问责制的实证研究也有待加强。（4）弗林克和克里莫斯基（1998）在其关于问责制的全面述评中建议应该从多层次的组织视角下考查问责制的特征。问责制是一个多层次的构念，广泛存在于组织不同的层级中，它在组织层面表现为责任，在个体层面表现为责任心。问责制是试图把责任心与具体的情景相结合然后在组织层面上形成的一种机制，是责任与责任心的升华。后续研究应该突破单一的层次视角，从中观角度出发，将微观层面的责任心与宏观层面责任情景整合起来进行跨层次分析。

第三节　责任心的相关研究

责任心对组织发展至关重要，它是内化于个体的一种心理状态，是个体履行责任的精神驱动力。从学术研究的角度来看，责任和问责作为一种外在的规定性和激励性，必须要落实到个体内在的意识层面，通过个体行为得以表达，因此，从内在规定性视角探究责任具有深远的意义，而责任心恰是外在责任的内在表达。从实践应用的角度来看，责任心是员工首要的行为准则，是企业最为关键的理念和价值观。责任心被称为企业的"防火墙"，是企业竞争优势的源泉。对企业而言，员工责任心的价值最终体现为被企业视为生命之源的使命感和归属感，因此，如何提升员工的工作责任心成为当今企业管理领域学术界和实践界共同关注的热点问题。本节在文献整理的基础上，系统分析责任心的内涵、维度划分与测量、影响因素以及作用结果等方面，以全面、深入地剖析责任心的本质。

一、责任心的概念

责任心在英文文献中最常用的单词是 conscientiousness 和 responsibility，其中，conscientiousness 是由 conscientious（尽责的）演化而来的，最早出现于大五人格模型中，科斯塔和麦克雷（Costa & McCrae，1992）将它作为人格中的一种特质，命名为尽责性，也称为严谨性，是个体用于控制、管理以及调节自身冲动的方式。conscientiousness 反映了个体的能力、注重条理、责任感、追求成就、自律、谨慎等特征，是一种广泛意义上的心理特质。responsibility 是责任、义务的意思，强调职责，指为了在某个关键领域取得成果而需要完成的一系列任务的集合，它常常采用行为人的行动加上行动的目标来表达。当 responsibility 用来表示责任心时，一般是指个体在履行某一职责时所表现出的责任心，反映了个体在职责履行过程中的态度，所指范围相对较窄。本书的研究对象是绩效评估中的个体责任心，是一种与职责相关的责任心，由 responsibility 来表示。

就责任心的内涵而言，尚未出现统一的界定，综观各个研究领域的结论，可以发现主要存在三种观点：一是认为责任心是一种态度或能力。哈里斯（Harris，1954）指出责任心不仅反映个人的能力、知识或者才能，也是个体对待家庭、工作，以及处理人际关系的态度的集合。张良才等（2006）认为责任心是个体对其所属群体的共同生活、行为规范以及他所承担的任务的自觉态度。二是认为责任心是一种个体自觉承担责任的意识和行为倾向。刘国华和张积家（1997）认为责任心是个人主动履行责任的态度与行为倾向。黄希庭等（1994）指出，责任心是个体能够自觉意识到份内的事，并主动将它做好的一种重要品质或人格魅力。三是认为责任心是一种对他人负责的行为。施兰特等（1994）将责任心定义为对他人负责，包括由法律确定的责任、由道德确定的责任和社会角色赋予的职责等。综上，虽然不同的学者对责任心的认知有所不同，但彼此之间存在着共通处。本书认为责任心是指个体自觉履行职责，主动为自己、为他人负责的心理和行为倾向，通过个体的态度和行为予以表达。责任心作为一种心理状态，是个体自觉履行职责的精神驱动。

二、责任心的维度划分与测量

（一）维度划分

文献梳理中发现，由于研究者关注角度的差异，对责任心的维度划分与测量也各有侧重。本研究按照心理活动与过程、活动领域与责任对象、责任心的本质特征三个标准对责任心的维度划分进行了总结，主要有四种维度学说：（1）三维说，陈会昌（1985）、朱智贤（1989）和李伯黎（1991）提出责任心包含，责任认知、责任感和责任行为三个维度；（2）四维说，哈斯蒂安（Hakstian，1986）将责任心划分为传统责任、扩散责任、习得责任和个体责任四类。皮博迪和拉德（Peabody & Raad，2002）认为责任心是包含条理、尽职、勤勉和冲动控制的四维结构；（3）五维说，孙继红（2006）认为高中生的责任心包含环境责任心、社会责任心、集体责任心、家庭责任心和自我责任心五个部分。科普尔（Koppell，2005）将责任心划分为透明度、责任义务、可控性、可靠性和响应能力五个维度；（4）六维说，最有代表性的是科斯塔和麦克雷（Costa & McCrae，1992）在其责任心两维说的基础上，从责任心的内涵本质出发构建了责任心六维结构模型包括，成就追求、竞争、尽职、条理、自律和深思熟虑六个维度。

（二）测量

对于责任心的测量当前比较有代表性和影响力的量表有以下研究。施泰（Starrett，1996）为了衡量社会责任心，编制了全球社会责任心量表（GSRS），包括 16 个题项，具有较好的信效度（α = 0.84）。勒德洛（Ludlow，1999）编制了工作责任心问卷（JRS），包括两个维度，共 30 个题项，实证检验了量表具有较好的信效度（α = 0.88）。辛格等（Singg et al.，2001）以大学生为研究对象，开发了学生个人责任心量表（SPRS），包括 10 个题项，具有较好的内部一致性（α = 0.74）。科斯塔和麦克雷（1992）编制的 NEO 人格问卷中测量尽责性特质的分量表，共有 8 个题项，测量的成分是责任心、自律、努力成功、能力、秩序和谨慎从容。国内学者针对不同责任对象的责任心测量展开了研究，编制了特殊群体的责任心量表。姜勇和庞丽娟（2000）基于观察幼儿责任心的表现以及对老师的深度访谈，开发了幼儿责任心量表，共 18 个题项。实证分析证实了问卷具有较好的信度和效度（α = 0.88）。王明辉（2003）以企业管理者为研究对象，开发了管理者责任心问卷，包括 42 个题项，由 6 个子量表组成。实证研究证实量表具有较好的信效度（α = 0.93）。黄文述（2006）通过深度访谈，构建了企业员工责任心结构模型，并编制了包含 4 个维度、16 个题项的企业员工责任心测量量表，具有较好的信度和效度（α = 0.87）。

三、责任心的影响因素和结果变量

（一）影响因素

责任心作为一种重要的心理品质，涉及心理活动的方方面面。责任心的形成不是一蹴而就的，需要经历一个复杂的过程，它是在主客观因素的共同作用下，逐步发展和内化到个体品质中。在责任心的影响因素中，主观因素包括个体的身心发展水平、责任认知水平、移情能力和自控能力等个人内在因素。客观因素包括家庭因素、学校因素、社会文化因素等外在的社会因素。现有对责任心影响因素的研究主要集中在幼儿责任心领域，其他责任主体责任心影响因素的研究较为分散零星。

国内外研究者从定性和定量分析的角度，揭示了个体责任认知水平等主观因素与责任心的关系。（1）个体的身心发展水平，包含个体的品德水平、知识水平、个性特征、实践经验和经历等。研究者证实个体的年龄和性别（庞丽娟和姜勇，1999）、家庭来源（罗香群，2007）、是否独生子女（张良才和孙继红，2006）、婚姻状况（Grammer，1993）、生活经历（赵晓风，2012）、社会经济地位（Judge & Higins，1999）等特征对责任心的形成和发展具有显著的影响。（2）责任认知水平，李洪玉（1997）研究证实儿童的言语、认知和操作能力显著影响其责任心的形成。（3）移情性，陈灿红（2014）验证了移情作为父母养育方式对初中生责任心影响的中介变量，即父母教养方式引发移情反应，继而影响责任心的形成和发展。（4）自控能力，施兰特等（1994）指出，具有较强自控能力的学生认为自己拥有较好的控制行为能力，因而更加倾向于表现出负责任的行为；相反那些自控力较弱的学生会担心自己难以控制情境，进而表现出较少的责任行为。

客观因素主要源自个体所处的外部环境，责任心是一个受环境影响很大的现象，因此，研究个体责任心的形成与发展需要考虑外部环境因素。（1）家庭因素。这一因素对个体责任心的影响最直接、最明显，也开始得最早。主要通过父母的教育方式、亲子关系、父母关系以及父母的责任心来发挥作用。王中会等（2006）证实了父母积极的教育方式对中学生责任心的养成具有正向促进作用。（2）学校因素。姜勇和陈琴（1997）通过实验研究发现教师和同伴是影响中班幼儿责任心的关键因素。（3）社会文化因素。作为一种重要的社会性品质，文化因素对个体责任心的形成与发展也有直接、显著的影响。贝洛夫等（Beroff et al.，1990）指出，不同地区的个体对待责任行为的态度也是不同的。

（二）结果变量

责任心作为一种关键的心理品质，是个体社会性品质的重要组成部分。它对个体教育、发展以及社会发展具有重要的意义。现有对责任心的应用研究主要集中于心理学、医学和教育学领域，在企业管理领域也有涉及，多项证据表明员工责任心能够提升组织有效性。员工责任心的结果变量主要集中在工作绩效方面，巴里克和斯图尔特（Barrick & Stewart，2000）研究发现实际组织工作团队中的成员责任心对团队绩效具有很高的预测效度。乐平和达因（Lepine & Dyne，2001）通过实验研究发现，责任心与关系绩效的两个子维度（合作行为、变革导向的建设性交谈）之间存在显著的相关关系。赵国祥等（2004）实证证实了管理者责任心对工作绩效具有显著的影响。

除了直接分析责任心与绩效之间的关系，部分学者还通过验证责任心对其他变量的影响来揭示责任心对绩效的间接作用。巴里克和蒙特（Barrick & Mount，1993）研究发现责任心与个体的工作熟练程度之间存在显著的正相关关系。齐丽红（2014）通过案例分析组织薪酬制度公平性对员工责任心的影响中发现，员工责任心的强弱决定了敬业精神的程度，敬业精神的程度又直接决定了工作能力的大小。黄文述（2006）针对责任心与理想承诺、规范承诺和组织公民行为之间关系的研究发现，责任心与理想承诺、规范承诺和组织公民行为显著正相关，责任心越强，理想承诺和规范承诺就越高，组织公民行为也就越明显。此外，相关学者还分析了员工责任心与创造性（Goldberg，1990）、自尊心（Robert & Bogg，2004）、职业成功（Thoresen & Barrick，1999）之间的关系。

四、评析

综上所述，不同领域的研究者对责任心的概念、维度与测量、影响因素和结果变量进行了广泛的研究，取得了丰硕的成果，丰富了责任心的研究体系。综观国内外的研究，还存在着一定的不足，有待进一步的探讨。责任心对个体行为至关重要，前期研究主要集中在教育和心理学领域，管理学领域虽有涉及，但研究范围过于局限，且定量分析的实证研究较为匮乏。现有员工责任心研究的不足之处主要体现在：

首先，责任心具有复杂的多维结构，虽然学者依据不同的划分标准区分了责任心的结构维度，但尚未取得一致性结论。具体应该从哪种视角下构建员工责任心的结构维度模型才是最适合的，有待后续进一步的探索，而且责任心作为一种动态变化的心理品质，文化因素对它的形成和发展有着直接的影响，中国传统文化根深蒂固，造就了个体独特的心理活动和行为模式，这就需要在后续构建责任心的结构模型以及编制相关测量量表时应该充分考虑本土文化的影响。

其次，对于责任心形成和发展影响因素的研究，当前只是进行了整体的把握，缺少深入细致的分析，而且现有研究主要集中在儿童责任心方面，对员工责任心的影响因素，以及具体的影响机制有待深入探讨。鉴于责任心是一个动态变化的心理现象，未来研究需要从主观和客观两个层面出发，全面剖析影响员工责任心形成与发展的显在和潜在因素，以为在实践工作中更好地提升员工责任心、提升组织有效性提供丰富的理论支撑。

最后，现有员工责任心的应用研究主要集中在工作绩效方面，而且定量分析的实证研究较少。鉴于组织活动包括多个环节和流程，其中哪些方面可能会受到员工责任心的影响以及具体的作用机制如何等问题还有待进一步深入的探索。

第四节　敬业的相关研究

员工敬业作为个体和组织绩效的关键保证，一直都是企业关注的热点问题。在企业管理实践中伴随着人本管理思想的不断深入，如何通过影响员工的心理活动进而实现员工敬业成为人力资源研究者和企业管理者共同关注的核心问题。鉴于员工敬业研究有着重要的理论和实践意义，本节基于国内外研究的成熟文献，对敬业的内涵、维度划分与测量、前因变量以及结果变量等方面进行述评，以为后续研究假设的提出提供一定的理论支撑。

一、敬业的概念

由于研究立足点的不同，对敬业内涵的理解并没有出现一致的意见。研究者对敬业的内涵主要有三种观点：一是认为敬业是一种特质。韦林和康塞尔曼（Wellins & Concelman，2005）认为敬业是承诺、忠诚和主人翁精神。谢文辉（2006）指出，敬业是个体履行某一责任或从事某项工作时表现出的责任感。二是认为敬业是一种态度，塞豪费利等（Sehaufeli et al.，2002）认为敬业是一种积极的、完满的、与工作角色相关的心理状态，而且这一状态是动态的，具有持久性和弥散性的特点，不仅仅是针对某一特定的情境、事件、人物或目标。实践领域中最先开始研究敬业的盖洛普咨询公司认为，敬业是员工对组织或工作场所的一种态度，强调通过为员工创造良好的工作条件，激励他们产生归属感，激发主人翁的责任感（Gallup，2005）。三是认为敬业是一种行为，梅西和施耐德（Macey & Schneider，2008）认为敬业是指员工在工作中的一种积极的行为表现，且这种行为包含了角色外行为。翰威特咨询公司认为，员工敬业是指员工乐意留在公司并努力为公司服务的程度（Hewitt，2003），这一定义体现了对员工敬业行为的量化。达拉勒等（Dalal et al.，2008）指出，敬业既包含了态度的成分，又包含了行为的成分，是一种以心态为内涵的行为。哈特等（Harter et al.，2002）将敬业定义为员工的一种投入，也可以是员工的工作热情，是员工对于工作角色认知后的行为体现。本书采用达拉勒等（2008）的观点，认为敬业是个体与自身工作角色相关的、一系列动态变化的、基于心理认知的情感表达和行为表现。

二、敬业的维度划分与测量

（一）维度划分

正如敬业定义的难以统一，对其维度划分也存在分歧。部分学者认为敬业是一个单维构念，如敬业度（Sonnentag，2003）、认知专注（Rothbard，2001；Bakker et al.，2005）。另有学者指出敬业是一个多维构念。卡恩（Kahn，1990）将敬业划分为认知、情感和体力三个维度。马斯拉赫和莱特（Maslach & Leiter，1997）认为敬业是工作倦怠的对立面，包括精力、卷入和效能三个维度，分别对应工作倦怠的枯竭、疏离感和低效能三个维度。罗斯巴德（Rothbard，2001）将敬业视为一种内心的存在，包括关注和投入两部分。塞豪费利和巴克（Schaufeli & Bakker，2004）基于员工敬业的不同表现，将敬业划分为活力、奉献和专注三部分，后续研究又加入了效能维度，构成了四维度的敬业结构模型。盖洛普咨询公司提出敬业包含四个维度：自由、忠诚、自豪和激情。翰威特咨询公司认为敬业包括说、留、做三个维度。韬睿公司提出敬业包含情绪因素和理性因素两个维度。

（二）测量

学术界和咨询公司为敬业的测量开发了多个量表，其中在实践和学术领域最有影响力、应用最为广泛的量表有以下几个。

1. 盖洛普工作场所调查（GWA）

GWA 是盖洛普公司与高校和政府组织共同开发的一项心理测量工具，主要从工作资源、工作期望、组织愿景、学习与成长四个方面测量员工对工作条件和管理实践的主观感知。量表共包含 12 个测量题项，在实践领域获得了广泛的认可和应用。不同国家的多项定量研究引用了该量表，证实了量表具有很好的效度和信度，也表现出了较强的跨文化稳定性。

2. 马斯拉赫工作倦怠量表（MBI）

马斯拉赫和莱特（Maslach & Leiter，1997）开发了工作倦怠量表，同时认为敬业是工作倦怠的反面，敬业的三个维度是工作倦怠三维度的反向表达，员工敬业水平可以用 MBI 中各项测量条款的反向计分来衡量。

3. 乌德勒支（Utrecht）工作投入量表（UWES）

塞豪费利和萨拉诺娃（Schaufeli & Salanova，2002）为了测量敬业的活力、奉献和卷入三个维度开发了 UWES 量表，包括 17 个题项，后续又进一步精简为包含 9 个题项的量表（Schaufeli et al.，2006）。该量表在学术研究中应用广泛，不同文化背景、不同职业类型的实证研究证实了这一量表具有较好的信效度和跨文化稳定性。

三、敬业的影响因素

鉴于敬业是员工自我与工作角色结合过程中个体心理活动的外在表达，本书从个体和组织两个层面阐述影响员工敬业水平的相关因素。

（一）个体因素

（1）个体特征因素，员工的年龄和性别（Schaufeli & Bakker，2003）、种族类型（Robinson，2004）与敬业显著相关。（2）人格特质，克里斯蒂安等（Christian et al.，2011）证实了责任心对敬业存在显著的正向影响。（3）心理状态，梅等（May et al.，2004）的实证研究表明心理意义感与敬业显著正相关；心理安全能够部分中介工作 – 角色匹配、工作丰富化与敬业之间的关系。（4）个人资源，桑托普劳等（Xanthopoulou et al.，2009）以工作需要—资源模型为框架，同时考查了基于组织的自尊、乐观主义和自我效能对员工敬业的影响，结果表明，三种个人资源通过影响个体对工作资源的感知，进而影响员工敬业，它们在工作资源和员工敬业之间起到中介作用。

（二）组织因素

（1）工作需要，毛诺等（Mauno et al.，2007）将工作需要分为对时间的需要、工作与家庭冲突以及工作不安全感三部分，探究工作需要与敬业之间的关系，结果表明，工作中对时间的需要正向影响员工敬业，工作不安全感以及工作与家庭冲突负向影响员工敬业。（2）工作资源，毛诺等（2007）验证了工作资源比工作需要更能预测敬业。哈卡宁等（Hakanen et al.，2008）的研究发现，工作资源积极影响员工敬业，消极影响工作倦怠。（3）工作特征，汉弗莱等（Humphrey et al.，2007）将工作特征模型进一步扩展，包括了激励特征、情境特征和社会特征三种激励因素。工作自主性、工作复杂性、任务重要性、任务多样性以及问题解决等激励特征能够通过影响员工对工作重要性的感知而激发员工的责任感，提升员工敬业程度（闫艳玲，2014）。（4）组织情境因素，马斯拉赫和莱特（2008）研究表明个人与组织价值观的一致性越高、个人与工作契合度越高，员工的敬业程度就越高。

四、敬业的结果变量

现有文献中，员工敬业的结果变量主要集中在员工绩效和组织绩效两个方面。

（一）员工绩效

萨拉诺娃（Salanova et al.，2005）通过实证研究发现敬业在组织资源与员工绩效之间的关系中起到中介作用。萨克斯（Saks，2006）验证了敬业与工作满意度、组织公民行为以及组织承诺之间的正相关关系；与离职倾向之间的负相关关系。哈尔贝莱本（Halbesleben et al.，2009）验证了敬业对角色外行为具有积极的影响。李鸿雁和吴小节（2014）以知识型员工为样本，考察了敬业、工作能力以及员工绩效之间的关系，结果发现知识型员工的敬业程度对绩效存在显著的影响，且工作能力显著调节二者之间的关系。除了探索敬业与员工绩效之间的关系，部分学者还验证了敬业对个体工作态度的影响，通过影响工作态度间接提升绩效水平。科云朱等（Koyuncu et al.，2006）的研究显示，敬业可以预测正性心理效能、工作满意度、离职倾向等个体的工作结果变量。哈卡宁等（2008）的研究表明工作资源通过影响员工敬业，提升员工的组织承诺水平，员工敬业在工作资源与组织承诺之间具有中介作用。

（二）组织绩效

哈特等（2002）的实证研究表明，敬业对员工的工作安全感、组织生产率和利润率以及顾客忠诚度具有显著的正向影响。桑托普劳等（2009）证实了敬业与财务绩效之间存在显著的正相关关系。翰威特咨询公司针对 100 多家大型企业的研究发现，那些高绩效的企业有着比平均水平高出 20% ~25% 的员工敬业水平。一项对 36 家公司中 7939 个工作单位的分析结果表明，敬业与组织绩效显著正相关，敬业一方面提升组织的生产率、利润率、顾客满意度；另一方面又可以减少员工的流失率和事故率（王婷，2014）。多项实证研究和调查研究均表明，通过提升员工的敬业程度有助于大幅度地增加组织绩效以及其他一些积极的组织结果。

五、评析

综观敬业的已有研究还存在着一些不足：

首先，敬业的内涵、维度和测量有待实现统一。现有文献中有关敬业的内涵、维度和测量尚不统一，为保证研究结论的准确性，后续研究应该从明确界定敬业的内涵开始，构建统一的结构模型、编制普适性高的测量量表，以保证敬业的理论研究更加科学化和规范化。

其次，敬业的影响因素有待扩充。现有研究主要考虑单一个体层面或组织层面因素的影响，缺少从个体因素与组织因素的契合视角下进行。此外，多数敬业研究都是在西方文化背景下展开的，本土化研究比较不足。未来研究需要基于人境互动论的观点，在中国文化背景下实证分析个体因素和组织因素对敬业的共同作用，为实践领域提升敬业水平提供理论支持。

最后，敬业结果变量的研究有待进一步丰富。现有研究普遍认识到员工敬业对绩效的显著影响，但对其究竟如何产生影响即具体的作用机理还不完善。除了绩效以外还有哪些组织或个体变量可以作为敬业的结果？敬业会影响哪些组织实践与管理活动？可以作为哪些变量之间的中介变量等问题有待后续深入的探索。

第五节　绩效管理有效性的相关研究

在当今知识经济的大背景下，随着人力资本价值的上升，越来越多的企业核心竞争力集中在优秀的企业员工上。因此，作为贯彻组织战略实施和管理人力资本发展的载体，绩效管理变得越来越重要。20世纪90年代绩效管理由西方引入中国，被广大企业所追捧。虽然很多企业根据自身的特点和需要对绩效管理的相关理念进行了本土化的整改和完善，但多数企业依然发现他们的绩效管理在真实的运作过程中还存在很多让人不满意的地方。国际知名的管理咨询公司普华永道针对中国近100家企业就绩效管理的现状等问题进行了问卷调查，结果发现，在中国企业中绩效管理的实施效果很不理想，存在着一些严重的问题。因此，如何提升绩效管理的有效性成为学术界和实践界普遍关注的热点问题。本节我们基于现有的绩效管理研究文献对绩效管理有效性的概念、维度划分与测量以及影响因素等问题进行评述，为中国企业提升绩效管理有效性提供理论支持。

一、绩效管理有效性的概念

（一）绩效管理

绩效管理对组织的有效发展至关重要，多年来一直是学者们研究的重点问题。对于绩效管理的内涵，弗莱彻和威廉姆斯（Fletcher & Williams，1996）认为绩效管理是通过创造一个致力于组织发展的目标和愿景，帮助每一位员工理解和认识自身的贡献，通过这种方式管理员工，以提升个人和组织绩效。齐诺伯（Zinober，1999）将绩效管理定义为包含绩效反馈和其他行为矫正技术的应用程序，用于根据预订方向塑造和改变行为，区别于绩效评估，它是一个连续不断的过程。阿姆斯特朗和巴伦（Armstrong & Baron，1998）指出绩效管理就是一个系统，皆在消除影响组织发展的障碍，激励组织员工开发人力资源的全部潜能。丹尼斯（DeNisi，2000）认为绩效管理是组织采取的一系列活动，用于提升个体和团队的绩效，最终目的是提升组织的有效性。邓哈托等（Den Hartog et al.，2004）定义绩效管理为一种测量和管理员工绩效进而提升组织绩效的工具。阿吉尼斯（Aguinis，2007）指出，绩效管理是一个持续的过程，用以识别、测量和发展组织成员的绩效，并调整绩效与组织战略目标相统一。多布雷（Dobre，2014）认为绩效管理是通过改进员工绩效开发团队和组织成员的潜能，实现组织持续发展的一种战略整合方法。综上所述，绩效管理皆在通过开发和保持员工的上进心来为组织创造竞争优势（Kandula，2006）。本书认为绩效管理是一个不间断地循环过程，用于指导、约束和控制组织成员的行为，使其与组织的战略和目标保持一致，最终提升组织的有效运营。

（二）绩效管理的目的

组织实施绩效管理的目的主要有三个：（1）战略目的，通过绩效管理把个体的工作活动同组织目标联系在一起。（2）管理目的，组织的很多管理决策（如薪酬管理、晋升、解雇等等）需要用到绩效管理信息。虽然这些绩效信息很重要，但是作为信息来源的评估者却认为对被评估者做出评价，然后再将评价结果反馈给他们，是一件令人很不舒服的事情。因为评估过程中经常会出现失真的绩效信息，引发评估者和被评估者抵触绩效管理。（3）开发目的，某位员工的工作完成情况尚未达到组织要求时，绩效管理帮助改善他的绩效。

（三）绩效管理有效性

近年来学术界对于绩效管理研究的兴趣与日俱增，但对其有效性的研究结果却不尽相同。对于绩效管理有效性的研究文献也有很多（Kochanski & Becom，2008；Posthuma & Campion，2008），但很少有研究将绩效管理有效性看作一个变量进行探索。以往研究中组织绩效管理体现在员工层面的效度主要表现为下属或团队的态度、行为以及绩效的改进，既可以作为一个变量进行整体性评价，也可以通过员工绩效、员工认同度以及员工满意度（Decramer et al.，2013）等指标来反映。本研究基于部分学者的研究成果，将绩效管理有效性看作一个整体变量进行探究。

对于绩效管理有效性的定义，现有文献并没有给出精准的界定。就概念本身而言，当绩效管理达到了组织实施绩效管理的目的时，一般就认为它是有效的。诺伊等（2013）开发了组织绩效管理模型（见图2-2），并在模型的基础上结合绩效管理的目的，为企业开发有效的绩效管理系统提供了几点建议：（1）确保企业的价值观和理念融入绩效管理系统中；（2）企业的高层管理者必须明确支持绩效管理系统的建立；（3）明确企业的关键绩效衡量指标；（4）绩效管理系统应该与员工具体的职位要求紧密相连；（5）绩效管理系统必须基于员工能够完全理解的绩效标准或者基于员工对其他人的贡献来对他们做出客观公正的评价；（6）必须针对如何使用绩效评估系统、如何在日常工作中以及正式绩效评价面谈中提供反馈等问题对管理者进行培训；（7）确保绩效评估结果与薪酬挂钩；（8）确保绩效评估结果与员工的培训和发展相联系；（9）必须对绩效管理系统的有效性进行评估，以确保员工绩效与企业的长期、短期以及财务目标联系起来；（10）企业需要根据绩效管理系统的评估结果，对该系统进行实时调整，保持高效运行。只有当组织的绩效管理系统满足上述要求时，才认为它是有效的。

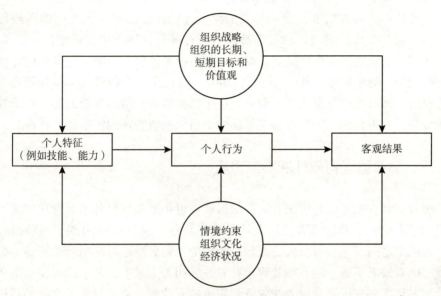

图2-2　组织中的绩效管理模型

二、绩效管理有效性的维度划分与测量

当前国内外学术界对绩效管理有效性的定量研究还较为匮乏，国内这一领域的研究还处于空白阶段。少数几篇绩效管理有效性的定量研究中，研究者普遍将其看作一个单维构念，并开发了测量量表。德威特林克（Dewettinck，2008）认为正式和非正式的绩效评估是绩效管理过程的传输时刻，假设组织对员工的激励作用是绩效管理有效性的关键体现，并基于此开发了包含9个题项的绩效管理有效性测量量表。这些题项代表一个维度，用于测量员工对组织绩效管理实施结果的感知。后续进一步的实证研究证实这一量表具有较高的信度和效度（α = 0.93）。海恩斯三世和翁奇（Haines Ⅲ & St－Onge，2012）通过梳理绩效管理的研究文献，提炼了包含16个测量题项的绩效管理有效性测量量表，主要是测量绩效管理实施的结果。也有部分学者认为绩效管理有效性是一个多维结构。洛拉等（Lauras et al.，2010）将绩效管理有效性划分为效率和有效两个维度，并提出有必要根据效率和有效两个维度，开发测量工具量化绩效管理的有效性。董等（Tung et al.，2011）认为绩效管理有效性包含绩效和员工相关的产出两个维度。诺伊等（2013）将绩效管理有效性划分为五个维度：（1）战略一致性，强调绩

效管理应该引导员工为组织的成功做出贡献；（2）效度，强调绩效评估在多大程度上仅仅评价了员工与绩效相关的那些方面；（3）信度，重视绩效评估的一致性，尤其是评估者的信度，即对员工的绩效进行评价的多个人之间的一致性程度；（4）可接受性，强调评估者和被评估者对绩效管理的接受程度；（5）明确性，强调绩效管理在多在程度上让员工知道组织对他们的期望，以及如何才能实现这些期望。赫尔姆等（Helm et al.，2007）发现了四个能够评估绩效管理有效性的权值：针对绩效管理实施的调查；员工意见调查；绩效等级的分布；绩效薪酬的分布，其中任何一个方面都能够反映出组织绩效管理的实施是否有效。

三、绩效管理有效性的影响因素

绩效管理有效实施是组织有效性的保证，近年来如何提升绩效管理实施的效果成为学者们和企业管理者共同关注的重点问题。虽然已经出现了一些研究成果，但结果之间还存在着很大的差异。矛盾的主要来源是对影响绩效管理有效性的核心因素缺乏了解。现有绩效管理有效性的相关文献中，几乎没有研究能够明确给出并证实哪些因素会提升绩效管理实施的有效性。通过对相关文献的系统梳理，本书将影响绩效管理有效实施的关键因素归纳为三个类别。

（一）组织因素

伍德和马歇尔（Wood & Marshall，2008）指出影响绩效管理有效性的组织因素包括管理问题、问责制、管理工具充足、管理工具的灵敏性以及评估的重要性。索莱（Sole，2009）认为在公共组织中，影响绩效管理有效实施的内部因素包括领导力、内部管理承诺、内部资源、基于绩效的文化、员工敬业度以及成熟的绩效管理系统。阿布等（Abu et al.，2011）研究指出，管理承诺、绩效导向的组织文化、员工敬业度是影响绩效管理有效实施的三大因素，其中，绩效导向的组织文化是影响力最大的因素。董等（2011）在研究多维的绩效评估系统与二维的绩效管理有效性之间的相关性时发现，组织因素，如高层管理者的支持与绩效产出相关；培训与员工产出相关。释伦（Biron，2011）采用信号理论研究世界龙头企业的绩效管理有效性，结果发现，一些良好的组织实践，如高层领导的支持、绩效期望的沟通、使用开阔的视野进行绩效管理以及评估者的培训等都能提高绩效管理有效性，但影响程度各不相同，与绩效管理有关的执行因素比内容和过程因素更加重要。海恩斯三世和翁奇（2012）探索了绩效管理实践和组织情境因素对绩效管理有效性的影响。结果表明，三种绩效管理实践活动（培训、多元反馈、员工认同度）能够显著提升绩效管理有效性；三种情境因素（组织文化、员工关系氛围、战略人力资源管理集成）与绩效管理有效性之间均存在显著的正相关关系。

（二）系统因素

绩效管理作为一个整体的循环系统，主要包括内容、流程以及执行三个方面。马丁和巴托尔（Martin & Bartol，1998）认为有效的绩效管理系统应该确保它在设计、执行和维护阶段的安全性，通过控制、监督和提供反馈维持系统的有效性。博纳迪奥（Bonadio，2009）强调实现组织员工绩效管理最大化的关键是保持灵活的、开放的、各式各样的绩效管理系统在组织中；及时改正错误的绩效管理标准，将绩效管理过程与学习和职业发展相联系；开发和配置系统比定制化系统更加有利于提升有效性。拉维尼亚（Lavigna，2010）指出绩效管理有效性的关键是员工绩效，通过培训、设计高效的评估工具、实施绩效沟通和反馈均有助于提升绩效管理的有效性。穆罕默德（Mohammed，2012）在研究国有企业的绩效管理有效性时指出，绩效评估报告的效度和信度、评估前公平性的感知以及评估结果的真实性都是很重要的影响因素。德威特林克和戴斯克（Dewettinck & Disk，2013）基于三种激励理论（期望理论、目标设定理论、控制理论）探讨绩效管理系统的特征对系统有效性的影响，结果表明，增加正式和非正式的绩效评估频率以及培育员工参与度能够提升绩效管理有效性，而且员工对系统公平性的感知能够部分中介系统特征与系统有效性之间的关系。

（三）个人因素

员工对绩效管理及其结果的认知影响绩效管理的有效性（Boswell & Boudreau，2000；Wright & Boswell，2002；Liao et al.，2009）。谢卡尔（Sekhar，2007）在研究一个工程公司的绩效管理有效性时发现，员工对绩效管理有效性的感知随着他们职位级别和个体因素的变化而变化。高职位的员工比低级别的员工对组织的绩效管理有效性有更加积极的响应。伍德和马歇尔（2008）认为影响绩效管理有效性的个人因素包括评估者的经验、自我效能、责任心、评估者和被评估者对绩效管理的认知以及二者之间的共同作用。绩效评估和管理系统执行过程中员工的参与度和积极性对系统的成功有着重要的影响（Johnsen，1999；Keenan，2000；Martin & Davis，2001）。莫内和朗敦（Mone & London，2010）表明在绩效管理的各项流程中注重培养员工敬业度有助于系统有效性的提升。

四、评析

绩效管理有效性为研究绩效管理提供了新的视角。目前绩效管理有效性研究领域已经取得了一些重要的成果，但仍然存在着很多的不足：

首先，绩效管理有效性的定量研究过于匮乏。现有文献中很少有研究者将绩效管理有效性看作一个因变量或者自变量，探索它的内涵、结构维度以及测量工具等问题。大部分研究只是停留在定性的角度，或者在少数的实证研究中选用员工认同度、员工满意度等可测变量用来量化绩效管理有效性。这就导致当前研究中缺乏绩效管理有效性与其他变量之间关系的定量分析。后续研究应该关注这一独立变量，界定它的内涵和结构维度，并在此基础上构建测量量表，以此丰富绩效管理有效性的定量研究。

其次，对提升绩效管理有效性的核心因素缺乏认识。已有相关研究探索了绩效管理有效性的影响因素，对一些可能的因素有了直观的认识，但仍然欠缺对核心因素的把控，而且多数研究仅停留在某个或某些因素是否对有效性产生影响的探讨上，对其如何影响，即具体作用机理的实证研究相对欠缺。现有影响因素的来源主要集中在组织的内部和外部因素以及系统本身的设计、开发、执行等方面，缺少对个体因素的研究。作为活动的直接参与者，组织员工在整个绩效管理实施过程中发挥着至关重要的作用，绩效管理系统的构建及实施过程在很大程度上受到人为因素的影响。因此，后续研究有必要加入个人视角，考查处于组织不同层面影响因素之间的交互作用，在全面视角下探索核心因素对绩效管理有效性的作用机理。

第六节 变量间关系的相关研究

一、组织文化与绩效管理有效性的关系

尽管学者们已经普遍认识到组织文化是绩效管理实施差异的主要来源（Abu et al.，2011），但是很少有研究将组织文化作为绩效管理有效性的一个影响因素。近年来，绩效管理研究者提出组织文化与绩效管理是两个互补的概念，在研究绩效管理有效性时不能将这两个概念孤立开来，呼吁把绩效管理嵌入到组织文

化氛围中。维克多和西尔维（Victor & Sylvie，2012）考查组织情境因素对绩效管理有效性的影响，研究表明敬业导向的组织文化是一种影响绩效管理有效性的核心情境变量。普拉科斯等（Pulakos et al.，2012）提出绩效管理新的研究视角不再是试图改进系统性能，而是需要构建一种高水平的绩效文化。阿德琳等（Adelien et al.，2013）在研究组织文化对员工绩效管理满意度的影响过程中，发现拥有紧密控制文化的组织比那些松懈控制文化的组织有着更高水平的员工绩效管理满意度。多布雷（Dobre，2014）基于丹尼森的组织文化特质理论，研究组织文化特质与绩效管理之间的关系，结果表明组织文化的四个特质对绩效管理的实施具有积极显著的影响。

二、问责制与责任心、绩效管理有效性的关系

问责制是一系列问责制度的集合，是责任落实的关键保证，对于责任心的提升具有重要的作用。问责制对责任心的影响主要体现在两个方面：一是通过规章、准则和制度来引导、约束组织成员的心理和行为；二是问责制是一个中观的多层次构念，它在宏观层面表现为责任，在微观层面体现为责任心。哈尔等（2006）的研究表明在建构和实施科学有效问责制的组织中，员工表现出更高的责任心水平。梅罗等（2007）在研究问责制对工作产出的影响过程中，证实了员工责任心的重要性。卡穆夫（Kamuf，2007）指出个体责任心以及责任心对自我行为产生影响的能力都是基于问责制产生的。

现有研究问责制与绩效管理有效性之间关系的文献较少，但是研究者已经开始认识到问责制在绩效管理实施过程中起到了至关重要的作用，部分学者从定性的角度阐述了二者之间的关系。索莱（2009）提出开发一个有效的绩效管理模型的第一步，是要将绩效评估系统与外部的问责制度相连接，以保证利益相关者有足够的组织透明度。这就表明管理者必须鼓励和控制外部的责任落实以保证绩效管理系统的有效使用。诺伊等（2013）指出通过建立并完善企业问责制在员工职位描述与绩效管理系统之间建立联系，有助于实现有效的绩效管理系统。

讨论责任心与绩效管理有效性直接联系的文献还较为不足，现有绩效管理研究中对责任心作用机制的探讨主要集中在其对评估者行为（Mann et al.，2012）、评估准确性（Gomez - Mejia et al.，2015）、评估公平性（Dewettinck & Dijk，2013）、宽大效应（Bernardin et al.，2016）的影响上。这些研究结论一致表明绩效评估过程中评估者的责任心水平显著影响绩效评估的效度，由此学者们达成共识，认为评估双方的责任心是绩效评估过程中的致命问题，并把责任心形象地称

之为"阿基里斯的脚后跟"（the Achilles heel）。

三、敬业与绩效管理有效性的关系

敬业是一个相对较新的概念，它会带来一系列更加积极的结果，对个人和组织的发展至关重要。莱瑟姆等（Latham et al.，2005）表明有效的绩效管理系统必须被认为是公平的，而公平与敬业显著相关（Maslach & Leiter，2008）。因此，考虑将如何激发个体产生敬业行为作为绩效管理过程的一个前端结果（Sparrow，2008），具有重大的理论和实践意义，然而当前并没有被绩效管理的文献所证实。格鲁玛和萨克斯（Gruma & Saks，2011）提出在绩效评估过程中应该考虑员工敬业行为的重要性，以及如何驱动个体产生这种行为，并开发了一个敬业与绩效管理的整合模型。这一模型强调通过一个连续和循环的过程来培养员工敬业度，激发员工产生敬业行为，进而增加个人绩效，最终有助于提升绩效管理的有效性。

四、评析

通过对研究变量之间关系的理论文献进行梳理，我们明晰了当前的研究进展和不足之处。

第一，组织文化对绩效管理有效性的实证研究较为欠缺。国内外研究普遍认识到组织文化是绩效管理实施差异的主要来源，但是实证检验二者之间关系的文献还相对不足。绝大多数研究者只是从定性角度采用逻辑推演的方式阐述了组织文化对绩效管理有效性的影响，需要进一步的实证检验。同时，组织文化作为一种情境变量，是否会影响其他因素与绩效管理有效性之间的关系，也有待考虑。

第二，问责制对绩效管理有效性的影响机制和作用机理仍然是一个黑箱。国内学界对问责制的研究主要集中在行政问责制和教育问责制领域，企业问责制的研究还相对滞后。问责制作为责任落实的保证，是否切实影响到绩效管理有效性以及具体的作用机理有待揭示。文献梳理中我们发现，责任心是问责制的结果变量，同时也是绩效管理有效性的前因变量，因此，责任心是否在问责制与绩效管理有效性的关系中起到一定的桥梁作用，需要进一步的实证检验。

第三，责任心对绩效管理有效性的影响机制和作用机理尚不明确。针对二者之间关系的实证检验还较为欠缺，责任心与绩效管理有效性之间是否存在显著的相关关系以及具体的作用机理有待进一步证实和完善。此外，个体的责任心显著影响敬业，敬业又是绩效管理有效性可能的前因变量，因此，敬业是否在责任心与绩效管理有效性的关系中起到中介作用，还需要进一步的证实。

第七节　本章小结

　　本章依次对组织文化、问责制、责任心、敬业以及绩效管理有效性的内涵、维度划分与测量、影响因素和结果变量以及各个变量间关系的现有研究进行了系统地梳理与总结，并基于不同的研究视角评述了现有理论研究的主要成果。本章形成了研究对象完整的理论体系，为后续进一步展开理论拓展与模型构建提供了丰富的文献资料和理论支持。

第三章

理论拓展与模型构建

在对相关研究文献进行系统梳理的基础上，本章主要进行理论拓展，提出研究假设，构建理论模型。

资源基础理论主张组织竞争优势的基础源于组织内部具有价值性、稀缺性、无法仿制而又难以替代的无形资产。人力资本作为一种关键的无形资产，越来越多的企业管理者和研究者开始关注如何运用人力资本赢得竞争优势。20世纪70年代奥布里·丹尼尔斯（Aubrey Daniels）首次提出绩效管理的概念，作为一种管理人力资本的工具，一直以来是理论与实践界追捧的对象。90年代末绩效管理开始引入中国，虽然专家学者在技术上进行了一系列本土化的改良，但当前绝大多数企业根本无法有效实施这一管理工具。由此如何提升绩效管理有效性日渐成为企业界和学术界重点关注的课题。国内针对绩效管理有效性的研究观点大致分为三类：其一，认为"技术性障碍"是绩效管理无效的主要成因，关注系统构建、测量工具开发和流程再造等工具性问题，然而，近年来随着外部理论的成熟和内部应用的熟练，技术制约论显然已经不再成立；其二，出现了一些案例研究，通过定性分析影响评估准确性的个体或组织因素，提出企业绩效管理系统的改良方案，然而，由于这些研究缺乏数据支撑，可信度和有效性值得考量。其三，少数研究在"技术因素"的基础上开始探索"评估双方行为"的影响，但这类研究只是单纯地将"评估双方行为"与"技术因素"并列对立，却忽略了两者之间的内在干预，而且研究主要以理论分析为主，实证研究较为薄弱。

本书在回顾绩效管理有效性的相关文献时发现，现有研究成果主要集中在西方学术界，国内研究还处于起步阶段，然而中西方文化差异显著，直接照搬国外的研究成果并不能为国内企业所用。中国传统文化根深蒂固，反映在绩效管理情境中，主要有两种文化观念的影响尤为显著（廖建桥，2013）。一是"成王败寇"文化，受这一文化的影响，国内企业在绩效评估环节中过分注重结果，"绩效之上""结果重于一切"的观念盛行，这就会导致评估结果的科学性和准确性较差，违背了绩效管理的核心理念。二是"老好人"文化，受儒家思想的影响，"人情法则""面子观念""平衡观念""差序格局"等文化盛行，严重影响了个体相处的客观模式。这些文化的存在严重影响了评估者和被评估者的行为，很大程度上扭曲了评估结果的真实性，使得国内多数企业的绩效评估流于形式，本末倒置，发挥不了其应有的作用。准确的评估结果是绩效管理目标实现的关键保证，然而，追求评估结果的准确性始终只是绩效评估理论背后的一个理想目标（Gomez - Mejia，2015）。由此可见，探究绩效评估准确性，尤其是在中国文化背景下以评估准确性为出发点，揭示其前因变量对绩效管理有效性的作用路径，具有更加重要的理论和实践意义。综观现有文献，影响绩效评估准确性的因素有很多，但最为关键的是评估双方的责任心。本书在对相关领域研究成果进行系统梳理的基础上，聚焦绩效管理实施过程中的责任问题。由于落实责任是明确责任、强化监督和有效问责的有机统一，因此，本研究基于责任视角，将组织层面的责任氛围与个体层面的责任心相整合，加入评估双方的责任心和行为变量，形成"情境→心理→行为"的分析路径，以揭示影响企业绩效管理有效性的核心因素及其作用机制，为本土企业绩效管理的有效运行提供理论支持。

第一节　本研究的理论基础

人境互动理论、认知行为理论和特质激活理论构成了本研究的三大理论基础，并以此为出发点，推演、形成研究的理论模型，帮助分析问题和解决问题。

一、人境互动理论

勒温（Kurt Lewin）是人境互动论的重要代表人物，他提出了"场论"，旨在预测个体的动机和行为，"场"的含义是指知觉到的环境和认知的意义。"场"包括了个体的信念、感情、目的以及物质环境中的一些事件等。勒温认为个体的心理活动是在一种心理场或生活空间里发生的。生活空间（Life Space，LSP）包括个体以及它的心理环境，是决定个体在某一时间里发生行为的全部事件的总和。个体的行为（B）取决于个人（P）和他所处环境（E）的相互作用，即，个体的行为取决于自身的 LSP，用数学公式表达就是：$B = f(P, E) = f(LSP)$。勒温的人境互动论强调在预测个体行为时，应该从整体的情境入手，而不是只从刺激情境中抽取单一的一种或两种因素，需要从整体上予以考虑。

一直以来，社会学家都主张社会因素和个体因素是相互影响、相互作用的。国内学者杨中芳（1993）指出社会环境与人的关系是全面的、无所不在的，是渗入个体思维架构之中，不知不觉在运行的一套整体的思维系统。这就需要研究者全面系统地考虑中国这个"社会文化"环境该怎么来看？试图寻求一个解决"社会文化"与"个人"关系的立场，以便找到一个个体在日常生活中，这种"社会文化"环境运作的脉络。杨鑫辉等（1993）在本土化的研究中认为，中国人受传统文化的影响，处于"社会优先"的"社会文化"环境中，个体的自我得不到全面的发挥，与西方人相比，国人更多地偏向社会取向。

人境互动理论说明了对个体行为的研究，应该在一个"场"内进行，不仅要考虑个体所处的、所感知到的外部物质环境，还要整合个体自身内部的心理环境。此外，鉴于中国独特的"社会文化"环境，研究中单纯依赖国外的社会情境变量并不适合本土的需要。本土化的研究还要考虑本土的社会文化环境，中国情境下可能的社会情境变量比西方文化背景下的变量更能精确地预测情境个体的心理与行为。人境互动理论对本书研究空间、研究变量的界定给出了一个明确的框架但却并没有详细地解释个体行为的产生机制与影响因素的作用机理，后续的认知行为理论和特质激活理论进行了详细的补充和说明。

二、认知行为理论

托尔曼（Tolman）在早期行为主义理论（Stimulus – Response Theory，S – R）的基础上，提出了认知行为理论（Stimulus – Organism – Response Theory，S – O – R）。他认为行为是有目的性的，是基于环境中的目标与实现这一目标所采取的手段之间关系的认知形成的。这里所谓的认知，并不是个别的感知和部分的知觉，而是指整体的形态知觉，也包括对象之间的相互关系和意义关系，是在对对象之间"手段—目的"关系（means-end relation）的期待这一形态上形成的。认知行为理论也是建立在格式塔心理学基础之上的，也被称为"场的理论"，它同样认为个体的行为受到多方面的影响，而不仅仅是某个单一因素作用的结果。同时，该理论强调认知是个体接受刺激（内部刺激和外部刺激）以后自身产生情感和行为反应的桥梁，即认知是个体对所接受刺激的内化与理解，通过自我加工，将刺激表达的内容与自身需要相整合，由此引发进一步行为的发生。换言之，个体行为不是由刺激直接产生的，而是由个人的意识和认知结构所决定的。总之，认知行为理论认为，研究情境因素如何影响个体行为时，应该考虑个体内部的认知状态，缺少认知环节，刺激与个体的行为发生之间可能会出现断裂。

　　基于"刺激—认知—反应"理论，在本研究中我们将组织文化形成的责任氛围和组织构建的问责机制看作刺激因素，员工接受到这些刺激后，在自我内部进行信息的加工与处理，不同的处理结果引发个体形成不同的责任认知。不同的认知结果进而体现为不同程度的个体责任心，在心理因素的作用下最终形成符合自己意愿的行为，即更高或更低的敬业行为。

三、特质激活理论

　　美国心理学家奥尔波特（Allport，1937）首先创立了人格特质理论，指出特质是人格结构的核心部分，是一种广泛相似行为的倾向系统。当不同情境对个体产生同等意义时，就会激发个体的某种行为倾向。可见，特质是一种心理结构，在这一结构的驱使下，个体对一些会产生相同作用的刺激做出反应，从而激活和引导同一表现的适应行为。随着理论的发展，奥尔波特发现特质理论忽视了社会因素和情境因素的影响，环境压力和冲突的心理因素可能会压抑、歪曲特质的表现，只有将内在特质与外在环境联系起来才能成为一个完善的理论。交互作用心理学也指出，个体与情境之间的持续互动能够引发个体行为。部分心理学家在此基础上进一步发展完善了特质理论，其中比较有代表性的就是泰德和伯内特（Tett & Burnett）在 2003 年提出的特质激活理论，它认为特质能否被激活取决于外部情境的相关性，即情境是否可以提供不同强度的特质关联线索。当存在特质关联线索时，特质被激活，个体在特质的影响下，产生特质表达的相关行为；反之，若不存在特质关联线索，特质就不能被情境所激活，个体行为则将更多受到情境的影响。在特质激活理论中，外部情境提供了与个体特质相同或者相反的条件，主要作用是放大或减小特质对行为的影响。情境强度是考察"特质—结果"关系的必要非充分条件，在情境相关性的条件下，情境强度的强弱能够影响个体感知期望与行为的一致性，进而导致个体产生或放弃某种行为。情境相关性和情境强度共同组成了特质激活潜能，潜能越高，一个情境能够激发的相应行为的差异化就越大。

　　根据特质激活理论，组织高度的责任氛围和明确的问责机制可能激发个体的责任感特质，个体的责任感特质与组织的责任情境持续互动就会引发个体的尽责行为。具体而言，在绩效评估情境中，评估者和被评估者受到组织责任情境的影响，产生责任感特质，形成责任心，在这一心理因素的作用和引导下，最终形成负责敬业的行为。

本研究以人境互动理论、认知行为理论以及特质激活理论为出发点，进行理论整合，共同解释组织情境因素和个体心理因素对绩效管理有效性的协同作用。人境互动理论给出了研究范围的界定，对个体行为的研究需要考虑情境和个体的联动作用。对于具体的影响机制是怎样的？认知行为理论和特质激活理论共同做出了解释。其中，认知行为理论明确了情境如何与个体之间建立连接进而影响行为发生的作用机理；随后，特质激活理论对刺激与行为之间的关系做出了更加细化、更加深入的解释。三个理论虽然关注的问题不尽相同，但却是相互补充，相互衔接的。上述理论的梳理和整合，有助于更加直观地厘清本书研究变量之间的因果关系，也使研究主题的提出更有说服性和可操作性。

第二节　基本概念界定

概念是对特定事物或某种现象的表达和说明，是构建理论的基本构件。概念具有独特的内涵（内容）和外延（范围），可以反映事物或现象的独特属性。概念界定是用一种直观的方式对概念做出精确而全面的解释，是理论研究的基石，它给出了一个分析框架的基础，并使后续研究成为可能。由于概念的定义在不同的实证研究中存在差异，本节根据研究目的和研究视角，对研究所涉及的主要概念——组织绩效管理文化、绩效管理问责制、绩效评估责任心、绩效评估行为以及绩效管理有效性进行准确的界定，避免由于概念定义的模糊影响概念之间关系的假设以及概念测量。

一、组织绩效管理文化

（一）组织绩效管理文化的形成与演进

1. 起源阶段：组织文化

近年来，研究者普遍认为情境因素在绩效管理过程中起着重要的作用，绩效管理系统达不到预期的效用很大程度上源于对实施环境缺乏了解（Levy & Williams, 2004）。在对绩效管理情境因素探索的过程中，多数学者发现组织文化是提升绩效管理有效性的关键因素，并提出"绩效管理，文化先行"的口号。弗莱彻（Fletcher, 2001）指出有必要研究文化差异对绩效管理价值的影响。斯托科普夫（Stoskopf, 2002）认为即使是一个拥有最正确学术指导和测量方法的绩效管理系统，如果它与企业文化不相匹配，这一系统终将面临失败。丹尼森等（Denison et al.，2004）提出组织文化是绩效管理实施差异的主要来源。沃尔（Wall，2006）也提到企业绩效管理系统实施困难，主要是因为文化因素没有受到充分的重视。由此开始，组织文化正式嵌入绩效管理的理论研究中。

2. 发展阶段：绩效导向文化

绩效导向文化的主要特征是关注最终结果、强调责任履行，这一文化将绩效评估作为一种改进工具而不仅仅是一种惩罚手段，鼓励员工使用绩效管理实现自身潜能和技能的增长。索莱（2009）提出基于绩效的组织文化影响公共组织中绩效管理的有效实施。阿布等（2011）研究指出绩效导向文化是影响绩效管理有效性的核心因素。刘易斯（Lewis，2011）指出管理者应该重视如何在企业内部形成基于绩效考核的文化氛围。佩雷茨等（Peretz et al.，2012）认为绩效评估作为绩效管理的关键环节，应该明确绩效导向文化对绩效评估实践的影响。国内也有部分学者关注绩效文化问题（李桂英，2010；李志和汪琳琳，2011；钟小玲，2012）。国内外学者一致认同，存在绩效导向文化的组织中，员工更容易接受新观念、更容易实现行为改进。绩效导向文化是影响绩效评估和绩效管理实施效度的关键因素，它将员工行为与企业战略清晰结合，有利于组织目标的实现。

3. 深化阶段：绩效管理文化

IBM 公司最早提出有效绩效管理的基本原则是建立健康的绩效管理文化。随着组织文化理论在绩效管理领域逐渐流行，国外学者呼吁开启绩效管理的新视点——构建积极的绩效管理文化。普拉科斯等（2012）提出绩效管理的新思想不再是试图改进绩效管理的工具和流程，而是专注于构建一种积极的绩效管理文化来提升绩效管理行为的频率和有效性。给出了构建积极绩效管理文化的四个步骤：（1）激励变化：评估当前文化、转变绩效管理心态；（2）奠定基础：缩减繁重的需求、引入新概念、提升管理者技能；（3）维持行为：提供工具和资源驱动行为；（4）监控和改进：领导负责持续改进。德克雷默等（Decramer et al.，2014）探讨了员工绩效管理文化与绩效管理满意度之间的关系，研究表明，组织中强调双向沟通和紧密控制的绩效管理文化有助于提升员工的绩效管理满意度。国内学者李永壮（2010）认为企业绩效管理文化具有激励性、公正性、多维性、多因性、动态性和系统性的特征，基于绩效管理的企业文化的差异性在一定程度上严重影响了绩效管理的有效性。魏锋辉（2014）提出通过建立卓越的绩效管理文化有利于提升绩效管理的有效性。

（二）组织绩效管理文化的概念界定

近年来，绩效管理的理论研究呼吁通过创建绩效管理文化来提升绩效管理有效性。鉴于当前国内外学者对绩效管理文化的研究多为简单的定性描述，缺乏深度的理论构思和实证研究，故本书在组织文化概念的基础上，借鉴已有的研究成果，结合文化和绩效管理的特征，明确了组织绩效管理文化的内涵。本研究认为组织绩效管理文化是一种组织文化的特殊形式，作为一个情境化概念，它是组织绩效管理价值观的体现，驱动员工产生正确的绩效管理认知和承诺，通过营造责任氛围，激发成员责任心，指导形成有效的绩效管理行为，保证绩效管理的有效落实。绩效管理文化的构建不是一蹴而就的，也不是一成不变的，它是动态变化的，是一个企业在长期的绩效管理实施过程中，基于成功的经验和失败的教训，逐渐发展和完善起来的、适用于自己企业模式的价值观念、行为规范和奖励准则。

二、绩效管理问责制

绩效管理问责制是一个由问责制与绩效管理合成的概念，本书在问责和问责制概念的基础上进一步明确绩效管理问责制的内涵。问责是责任主体与责任客体之间，通过规范的程序和制度标准去传达责任客体期望的过程，是促使责任实现的重要方式。问责制就是一个实现责任客体不同期望的制度和标准集合，责任主体出于道德和法律的考虑，自愿或者义务按照这些制度标准履行责任、承担后果。尽管不同学科领域对问责制的定义还存在着一些分歧，但是对于问责制的某些角度已经达成了共识，对于问责制内涵的解释普遍包含"角色担当""说明回应"和"违法责任"三个方面。问责制强调社会系统中的成员角色内的责任履行，秉持"在其位谋其政"的责任理念，配合实时、有效的监督，实现对未尽义务者的追惩。本研究将问责制引入绩效管理情境中，通过类比其他专业领域中的问责制概念，清晰界定了绩效管理问责制的内涵。绩效管理问责制的本质在于利用制度干预强化绩效管理责任主体的责任意识，保障各个环节中责任的正确履行。作为问责制在绩效管理过程中的具体应用，它专指控制和约束绩效管理实施过程的制度和规范，用以引导、监督和改进行为人（管理者、评估者、被评估者）的行为，提升责任感，强化自我责任的履行，同时对于不符合要求的行为人给予相应的惩罚。简单来说，绩效管理问责制就是一套保证企业绩效管理工作高效运行的责任约束与追惩机制，是绩效管理成效的保证。它包括四个相互影响、相互制约的环节：明确和健全责任标准、责任履行、责任监督以及追究责任。

三、绩效评估责任心

责任心一般意义上的概念是指自觉把份内事做好的一种重要的人格特质，是个体对自己应负责任的自觉意识和主动承担的行为倾向。责任心作为个性心理的重要品质，能够让肩负某种角色的个体自觉意识到应该去完成的职责有哪些，引导个体主动、认真完成责任内的事；当出于故意或者过失，不履行或者不正确履行责任时，个体也不会逃避、推脱而是主动去承担后果。绩效评估责任心包括评估者责任心和被评估者责任心两个方面，二者之间相互影响、共同作用，是形成良好绩效评估行为的核心因素。基于责任心的内涵，绩效评估责任心就是个体在执行绩效评估活动时一种内驱的道德感觉，这种感觉能够驱动个体形成高标准的责任行为，促使个体更好地完成角色内职责。国外对于绩效评估双方责任心的研究相对成熟，出现了较为统一的概念，得到理论与实践界的广泛认可。利维和威廉姆斯（Levy & Williams, 2004）提出评估者责任心是指评估者能够对被评估者在所有成员中所处的绩效等级给出公正、准确的评价；被评估者责任心是指被评估者能够主动参与、积极寻求绩效反馈，努力实现绩效改进。国内对于评估双方责任心的研究还较为欠缺，尚未出现成熟的理论。本书对评估者责任心和被评估者责任心在内涵上的认识和理解与以往研究存在着一致性，在后续研究中继续沿用利维和威廉姆斯给出的概念。

四、绩效评估行为

对应绩效评估责任心，绩效评估行为包括评估者行为和被评估者行为两个方面。在大多数绩效评估的文献中，研究者把基于评估者行为的评估准确性作为研究的重点，积累了很多有价值的文献。然而在绩效评估情境中，评估者与被评估者作为同一状态下相互依存的当事人，其中一方的行为势必会引起对方做出反应，二者之间存在直接交叉效应。因此，在探讨评估者行为对评估有效性影响的研究中有必要加入被评估者行为变量进行综合考察。研究者普遍反映评估不准确相对于评估者的疏忽和认知错误更多的源于故意扭曲（Saffie - Robertson & Brutus, 2014），并提出评估准确性的关键是责任心问题。基于这一观点，本书认为在责任心的驱动下，评估者会产生敬业态度，从而将更多的精力、情感和认知投入评估工作中来达到最好的表现。良好的评估行为其实就是一种评估敬业行为，敬业的评估者对工作更加投入，效率更高，更能处理好与被评估者之间的关系，从而提升评估有效性。具有强烈责任心的被评估者会表现出更加积极主动地寻求反馈，并基于反馈结果改进绩效，实现自我发展与提升。综上，本书把评估者行为界定为评估敬业行为，即评估者在从事评估工作中，正确履行角色内责任时所表现出的全部负责行为。把被评估者行为界定为反馈寻求行为，即被评估者积极主动地寻求组织中有价值的信息以满足组织和自我发展需要的一种主动性行为（张燕红和廖建桥，2014）。

五、绩效管理有效性

从绩效管理的概念出发结合绩效管理的目的来界定绩效管理有效性的概念。文献梳理中发现，现有绩效管理研究表现为两种取向，第一种是组织取向，强调它是一种管理组织绩效的工具，旨在赢得竞争优势，实现企业战略；第二种是个体取向，强调它是管理员工绩效的工具，重视员工个体目标的实现。基于这两种研究取向，研究者给出了不同的绩效管理定义。丹尼斯（DeNisi，2000）指出绩效管理是组织所采取的一系列活动，用于实现组织目标，提升组织有效性。诺伊等（2013）认为绩效管理是管理者为了保证员工的工作活动和产出与组织目标保持一致而开发的一个管理过程。阿吉尼斯（Aguinis，2007）认为绩效管理是一个持续的过程，用于识别、测量和提升员工绩效，实现员工个体目标与组织战略目标的统一。尽管绩效管理的概念描述不同，但却普遍认为它是借助指标化或非指标化的测量工具来管理绩效的一个循环过程（Radnor & Mcguire，2004）。本书基于绩效管理个体取向的定义把绩效管理有效性界定为是一个个体层面的概念，聚焦绩效管理的前期目标——提升员工绩效，实现个体目标。具体是指个体对企业实施绩效管理活动的一个整体感知和接受程度。从员工的真实感受出发，判定这一过程是否有效，当员工充分信任、自愿接受，并切实感受到企业绩效管理的实施对自己有实际帮助时，就可以认为绩效管理是有效的。效度调查中员工评分越高，表示绩效管理的有效性越强，反之亦然。对于绩效管理有效性的维度，沿用了德威特林克（Dewettinck，2008）的观点，认为它是一个单一维度的构念。其实，不论哪一种研究取向，绩效管理直接作用的对象都是员工个体。组织取向中最终战略目标的实现，也是要基于个体绩效的达标，如果个体目标不能完成，组织目标也只是空谈。此外，绩效管理的开发目的也是为了在员工工作完成情况没有达到要求时帮助他们改善绩效。

第三节　研究假设

一、绩效评估责任心与绩效管理有效性

绩效管理在企业中能否取得显著的成效，达到管理者预期的目标，很大程度上受员工感知到的公平所影响（Colquitt et al.，2001）。组织公平被员工视为自己与组织之间良好关系的保证。公平感的缺失会在很大程度上影响二者之间的关系质量，引发员工消极的工作态度。多个研究者发现造成绩效管理无效的主要原因，是由于绩效评估环节的不公平所致。引发评估不公平的因素有很多，一个最重要的原因就是行为人的责任心缺失，导致绝大多数组织的绩效评价流于形式。责任心起源于心理学领域，随着研究的深入，对责任心的研究逐渐延伸到管理学领域。朗敦等（1997）指出责任心是360度绩效反馈的致命问题，并形象地称它为"阿基里德的脚后跟"。在过去的几十年里，国外学界对绩效评估的个体责任心问题进行了大量的研究（Klimoski & Inks，1990；Mero & Motowidlo，1995；Antonioni，1994；Levy & Williams，2004），实践领域也喊出"责任胜于能力"的口号。国内对责任心的研究主要集中于教育和心理学领域，针对绩效评估中责任心的应用研究还比较薄弱。由此，本书将绩效评估的双方责任心作为前因变量，探讨个体责任心对绩效管理有效性的影响机制。

对有关绩效管理有效性的研究文献进行梳理的过程中，我们发现了另外一个值得关注的关键变量——敬业行为。索莱（2009）指出，如果评估双方在绩效评估、测量、反馈过程中能够做到全心投入、积极参与，这将在很大程度上影响这一系统的有效实施。莫内和朗敦（2010）表明，在开发设计绩效管理流程时考虑培养个体敬业度能够显著提升绩效管理系统的有效性。阿布等（2011）研究指出，"管理承诺""绩效导向文化""员工敬业度"是影响绩效管理有效性的三个关键因素。此外，很多当代的组织研究者热衷于在积极心理学视角下理解组织现象，而敬业行为正是这一积极方法的应用。因此，探索个体敬业行为如何提升绩效管理的效度是绩效管理学术研究的进步，这也与组织科学最近的研究趋势相一致。考虑如何将提升评估双方的敬业行为作为绩效管理有效性的一个前端结果意义重大（Sparrow，2008），然而国内相关的实证研究还较为不足。本书认为敬业行为是责任心影响绩效管理有效性过程中一个重要的中介变量。有效的绩效管理

行为不仅依赖于行为人的责任心，还依赖于行为人对工作的敬业程度。

根据研究主线，这一小节主要从个体层面展开分析，阐述绩效评估的双方责任心能否影响个体的敬业行为以及敬业行为是否在责任心与绩效管理有效性之间发挥中介作用。

莱瑟姆等（2005）认为，有效的绩效管理系统必须被认为是公平的，而责任心恰恰与高度的感知公平正相关，所以责任心一直以来被称为是绩效评估的致命问题，也是绩效管理有效实施的关键所在。朗敦等（1997）开发了责任心过程模型，认为评估者是否对其所提供反馈结果的准确性及有用性负责；被评估者是否对使用这一反馈结果负责，都会直接影响绩效评估的有效性。利维和威廉姆斯（2004）指出，绩效评估作为绩效管理的基础环节，评估的效度直接决定绩效管理实施的有效性，而评估的效度基于它的准确度，没有错误和偏见，通过评价双方的责任心来起作用。伍德和马歇尔（2008）认为评估者的自我效能感和责任心影响绩效管理的有效性。综上，本书认为在绩效管理过程中，责任心强的评估者能够表现出更少的自利行为，对工作充满热情，积极参与其中，恪尽职守，公平公正地为每一位被评估者做出准确的评估。责任心强的被评估者具有正确的自我认知，敢于承担责任，主动寻求反馈结果，努力实现绩效改进。总之，评估双方高度的责任心水平提升了双方关系的契合度，形成了良好的合作氛围，增加了自我的公平感知和接受程度，而感知公平又与个体对绩效管理的认知、满意度、效度以及绩效改进的动机显著相关（Elicker et al.，2006）。当员工感知到公平时，就会相信通过绩效管理的实施能够帮助他们应对工作中的不确定性，保障自身的切实利益，进而积极参与其中，认真履行职责，保障绩效管理工作的有效推行。

基于以上分析，提出如下假设：

H1a：评估者责任心正向影响绩效管理有效性；

H1b：被评估者责任心正向影响绩效管理有效性。

二、绩效评估行为的中介作用

（一）绩效评估责任心与绩效评估行为之间的关系

尚未发现探索绩效评估双方责任心与其敬业行为关系的文献，但是关于人格特质中的尽责性与敬业度之间关系的研究可以帮助我们理解二者之间的作用机理。责任心是一种与工作行为和工作产出密切相关的心理特质，是个体对责任的自觉意识和积极履行的行为倾向。多项研究表明与个体能量相关的人格特质显著影响敬业行为（Ongore，2014）。弗勒姆等（Furnham et al.，2002）认为责任心能够激发个体产生强烈的责任感，进而提升员工敬业度。金等（Kim et al.，2009）的研究表明尽责性和情绪稳定性能够显著预测员工敬业度。克里斯蒂安等（Christian et al.，2011）通过实证研究证实了个体责任心与其敬业度之间的正相关关系。泽卡等（Zecca et al.，2015）的研究发现尽责性越高的员工表现出更多的工作投入。刘金培等（2017）实证检验了尽责性作为一种稳定性因素对员工敬业度具有显著地正向影响。

鉴于个体的态度和行为容易受到思想或心理感知的支配，因此，从个体对与工作相关的心理感知角度来解释责任心对敬业行为的影响是可行的。根据梅西和施耐德（2008）的建议，信任是敬业过程的一个关键角色。在整个任务执行期间，员工积极投入和表达自己的前提是他们必须信任组织和管理者能够公平公正的对待自己，感受到组织公平的员工会更容易把自己投入到工作中。梅西等（2009）进一步证实，没有信任，敬业就不会发生，员工感知到的信任和公平是付出敬业行动的基础。信任水平影响员工的行为意图，如何提升员工对组织的信任感，卡恩（Kahn，1990）提出一种可以增加员工信任的因素就是责任心。本书认为在绩效评估过程中，评估者和被评估者高度的责任心能够激发强烈的工作责任感，这种对责任的心理感知驱动个体认真负责、兢兢业业，最优化的完成角色内任务。评估双方积极认真的工作态度和行为，又进一步增进了彼此之间的信任，形成了良好的合作关系，进而提高个体的心理安全感，自愿将更多的资源、精力和情感投入到工作中，形成良好的敬业行为。具体表现为，评估者认真高效的开展评估工作，为每一位被评估者提供真实准确的反馈结果；被评估者积极主动地寻求反馈，实现自我提升。相反，如果评估双方缺失责任心，彼此之间的信任度就会降低，进而出现绩效评估不公平、不准确的认知，认为从绩效管理的实施中并不能获益，只会徒增心理和工作压力，于是把绩效管理当作是"无效的负担"。在这种情况下，员工对待绩效管理的积极性就会受到打击，只是被动地完成管理者所要求的各项任务。消极怠工的态度降低了工作投入，最终产生倦怠行为。

基于以上分析，提出如下假设：

H2a：评估者责任心正向影响评估敬业行为；

H2b：被评估者责任心正向影响反馈寻求行为。

（二）绩效评估行为与绩效管理有效性之间的关系

敬业行为是一种积极充实的与工作相关的心理状态的外在表达，工作敬业表现为精力充沛、恪尽职守、尽心尽力、精益求精、专心致志、力求完美，它是个体将工作责任内化为己任的最高境界。员工敬业行为作为工作绩效的关键决定因素，受到学者和企业管理者越来越多的关注（Linley et al.，2009），它也是帮助绩效管理实施取得显著成效的一个重要影响因素。斯帕罗（Sparrow，2008）提出将敬业度作为绩效管理过程的一个前端结果意义重大，但当前还没有被学术界所论证。格吕曼和萨克斯（Gruman & Saks，2011）指出重视绩效管理过程中行为人的敬业水平有利于实现绩效改进及绩效本身。本书认为，在绩效管理过程中，评估者的敬业行为表现为专注于评估工作，不轻易受到外在因素的影响，增加了评估过程和评估结果的真实性和公平性，提升了绩效评估的效度。被评估者的敬业行为表现为保持充沛的精力和体力投入到工作中，积极寻求绩效反馈，并基于反馈结果努力实现绩效改进，达成绩效管理实施的初级目标。不仅如此，评估者与被评估之间的心理和行为特征是相互影响，共同作用的。评估者的敬业行为所带来的公平感知有助于与被评估者之间建立良好的信任氛围，进而激发被评估者的工作投入。被评估者积极寻求绩效评估的反馈结果，并基于结果提升自我，这就会激发评估者的成就感，进而更加认真负责地完成本职工作。双方之间的良好互动促使评估者和被评估者投入更多的能量到工作角色中，积极认真地履行工作职责，这就有助于提升整个绩效管理系统运作的有效性。

基于上述分析，提出如下假设：

H3a：评估敬业行为正向影响绩效管理有效性；

H3b：反馈寻求行为正向影响绩效管理有效性。

综合以上论述，以及假设1、假设2和假设3所预测的关系，提出以下关于绩效评估行为中介效应的假设：

H4a：评估敬业行为对评估者责任心与绩效管理有效性有中介作用；

H4b：反馈寻求行为对被评估者责任心与绩效管理有效性有中介作用。

三、绩效评估双方责任心的交互作用与绩效评估行为

前文考查了评估者责任心和被评估者责任心对各自敬业行为的单独作用，本研究认为这两类行为主体间的交互作用会对绩效评估双方行为产生更大的影响。评估者责任心与被评估者责任心的交互作用表现在：一方面，评估者的责任心水平较高时，就会尽职尽责的开展评估工作，规避评估故意误差，降低负面反馈，提升被评估者的评估满意度，更好地建立与被评估者之间的关系，从而增强被评估者责任心；另一方面，评估者与被评估者之间良好的互动关系，可以提升二者

之间双向沟通的频率和质量，促进被评估者反馈寻求的发生，被评估者经常性的反馈寻求行为进一步又激发了评估者的成就感和责任心。

在绩效管理过程中，评估者与被评估者作为在同一状态下相互依存的行为主体，一方的态度和行为直接影响另一方的反应。基于双方责任心的互动，能够有助于评估者形成积极的评估态度，相信为被评估者提供公正、准确的的评估结果是一种会实现双赢、有重要意义和价值的工作，进而激发评估敬业行为的形成。与此同时，双方责任心的良好互动，有助于提升被评估者的公平感知，更容易与评估者建立信任关系，相信评估者给出的评价结果是准确的、有利于绩效改进和自我提升的，进而积极主动地寻求绩效反馈。

基于上述分析，提出如下假设：

H5a：评估者责任心与被评估者责任心的交互作用正向影响评估敬业行为；

H5b：评估者责任心与被评估者责任心的交互作用正向影响反馈寻求行为。

四、绩效管理问责制与绩效管理有效性

根据利维和威廉姆斯（2004）的建议，绩效管理系统达不到预期期望的原因也可能是受到情境因素的影响。维克多（2012）指出鉴于工作绩效是情境因素的一个函数，研究情境因素对绩效管理有效性的影响是可行的。实质上作为绩效管理模型的重要组成部分，情境约束确实影响绩效管理的有效实施。问责制被认为是一种情境的客观特征，且已有研究证实绩效评价系统需要在组织问责的干预机制下协调运作。本书在责任视角下探讨绩效管理有效性，本质在于保证各环节的责任履行，然而责任落实是明确责任、强化监督和有效问责的有机统一。只有实现三个过程的完美结合，才能有效解决绩效管理过程中行为人"不作为、乱作为和假作为"的问题，真正把责任履行落到实处。由此，将问责制引入绩效管理有效性研究中，探索二者之间的作用机理。有关绩效管理有效性的影响因素，研究者对个体因素和组织因素关注较多，而且主要是考虑单一因素的影响，从个体因素和组织因素的整合视角探索绩效管理有效性的文献还较为不足。考虑到问责制是一个中观构念，它在微观层面体现为一种心理状态，即责任心，故本书将影响绩效管理有效性的个体因素设定为评估者责任心和被评估者责任心，基于人境互动理论，构建一个绩效管理组织情境约束、绩效评估双方责任心与绩效管理有效性关系的理论驱动框架，跨层次分析变量之间的相互作用。

根据卡茨和卡恩（Katz & Kahn，1966）的建议，组织中的很多资源必须注入到控制设备中以减少个体行为的可变性，产生稳定的行为模式。基于控制理论

的观点，组织管理者需要强调控制，关注过程控制以减少行为人真实行动的可观察结果与期望标准之间的差异性（Buchner，2007）。这些差异性的增大会对个体积极行为的产生带来负面影响。通过过程控制，行为人主动调整自身行动，以减少行动结果与期望标准之间的差距，最终实现最优的行动产出。据此，为保证企业的绩效管理系统是可靠有效的，必须确保这一系统是可控的。即确保绩效管理流程的每一个环节都能被管理者实时控制。控制有多种方式，其中的一种就是问责制（Orbuch，1997），它能够在绩效管理过程中通过双向问责实现内部控制，引导和塑造个体行为。刘易斯（Lewis，2011）指出，当高层管理者关注整个组织的问责制考核时，企业的绩效管理工作才有可能高质量地落实。诺伊等（2013）在为企业建立有效的绩效管理系统所提供的建议中也指出，建立并完善企业问责制有助于绩效管理系统的有效实施。综上，本书认为将问责制引入绩效管理，就是在绩效管理推行之前，管理者需要建立规范有效的行为人责任清单、评价制度和奖惩标准。通过一系列明确的制度标准来进行过程干预，强化行为人的责任意识，引导和形成责任行为。当员工感受到强有力的问责机制时，就会认为各项问责标准给他们的责任履行带来了制度层面的监督和保障，从而更加积极高效的去履行责任，最终有助于提升绩效管理的积极成效。

基于以上分析，提出如下假设：

H6：绩效管理问责制正向影响绩效管理有效性。

五、绩效评估责任心的跨层次中介作用

（一）绩效管理问责制与绩效评估责任心的关系

狭义上的问责制是一些要求成员共同遵守的办事章程或行为准则，通过制度约束塑造和控制个体行为，实现组织期望的结果。已有研究证实问责制存在于多个组织层次中，对组织的有效运营至关重要。勒纳和特劳克（Lerner & Tetlock，1999）认为，问责制作为组织的基础元素，影响员工的态度和行为，如果个体在一定程度上是不负责任的，那么组织也必然不会高效运行。责任心是问责制的一个中心环节（Enzele & Anderson，1993），问责制则是试图将这种责任心与具体的情境相结合然后在组织层面上形成的一种机制，且这一机制将个体与职责联系在一起。博文（Bovens，2010）认为，问责制是一种制度关系或协议，核心问题是关系或协议达成的方式，目的是通过制度约束，行为人主动承担责任。林德维斯特（LindKvist et al.，2003）指出，个体的责任意识是由组织的问责制体系与

责任目标、奖励、惩罚、过分强调个体的自我部分来确定的。哈尔等（2006）证实了问责制能够增加责任心，问责制越发完善的组织中，个体表现出更强的责任心。梅罗等（Mero et al.，2007）验证了在问责制对工作产出产生影响时责任心的重要性。卡穆夫（Kamuf，2007）指出个体责任心以及由责任心引发的自身行为与自身道德一致的能力都是基于问责制产生的。据此，我们预测在绩效管理情境中，问责制作为控制和约束绩效管理过程的制度集合，主要从三个方面影响责任心：第一，提供了一系列说明行为标准的规则，清晰的规则明确落实了行为人的主体责任；第二，建立了发现偏离行为的监督机制，科学的监督机制进一步保障了责任落实；第三，制定了对偏离行为的惩罚措施，强有力的奖惩机制能够有效提升行为人的责任意识，强化责任感，驱动责任履行。

基于上述分析，提出如下假设：

H7a：绩效管理问责制正向影响评估者责任心；

H7b：绩效管理问责制正向影响被评估者责任心。

（二）绩效评估责任心的跨层次中介作用

基于社会投资理论（Robert，2005），个体责任心因环境的影响而变化，主要由个体的角色所决定。责任认知是责任心的一个重要组成，它是个体对环境的认知操作，跟随情境因素而波动（李明和叶浩生，2009）。责任心作为一种心理状态，是履行责任行为的精神驱动，也是正确完成任务的前提条件，责任心能够有效地预测组织行为（Barrick & Mount，1991），尤其对于良好评估行为的产生是特别重要的因素（Bernardin & Cooke，2000）。研究表明：问责制通过增加行为人的心理压力，潜在调整他们的行为，抵消由高权利诱导产生的自利行为倾向，能够承担责任的个体比不能承担责任的个体表现出更少的自利行为。朗敦等（1997）提出了一个责任心过程模型，指出组织通过明确责任心的来源和建立保持责任心的机制，有利于增强绩效评估的效能。本书认为，绩效管理问责制是为了强化绩效管理过程中行为人的责任感而设置的一道"紧箍咒"。通过问责制的控制约束，评估者会产生公正评估的责任压力，激发工作责任感。责任心强的评估者表现出更少的自利行为，规避外界因素的干扰，尽职尽责，公平公正的为被评估者提供准确可靠的评估结果和改进建议，与被评估者建立良好的合作关系，提升被评估者的反馈寻求行为。反过来，被评估者积极的反馈寻求行为又会激发评估者的工作成就感，进而更加努力的工作。问责制中的奖励与惩罚机制会驱使被评估者产生绩效提升的责任压力，责任心强的被评估者拥有正确的自我认知，积极主动地寻求反馈结果，实现绩效改进，进而实现了绩效管理的初级目标。可见，在绩效管理实施过程中，问责制的建立通过激发评估者和被评估者的工作责任心，进而改善双方的工作行为，最终提升绩效管理的有效性。

基于以上分析，提出如下假设：

H8a：评估者责任心对绩效管理问责制与绩效管理有效性有中介作用；

H8b：被评估者责任心对绩效管理问责制与绩效管理有效性有中介作用。

六、组织绩效管理文化的情境效应

问责制处于组织环境中，应该考虑环境因素的影响。组织文化作为意义建构的工具，包含一组共享的价值观，被广泛接受的规章制度以及行为准则，引导和塑造员工的态度与行为，激励他们做正确的事（Schein，2004）。组织文化既是组织制度环境的一部分，旨在实现组织生活的秩序化和稳定化；也是组织内部的一个控制系统，旨在引导个体的态度和行为。一个积极的文化能够引导员工用正确的方式完成任务，而消极的文化则会减弱员工的工作动机（Victor & Sylvie，2012）。通过对工作行为的影响，组织文化进一步影响个体和组织层面的工作产出，强势的组织文化是实现良好绩效的关键因素（Ogbonna & Harris，2000）。近年来，学者们认为组织文化在绩效管理过程中起着重要的作用，弗莱彻（2001）指出有必要探索文化差异以及文化差异如何影响绩效管理等问题。本节提出了一个关于问责制的文化视角，重点解析研究思路中组织层面变量之间的关系，将组织绩效管理文化作为绩效管理问责制的前因变量，探索二者之间的关系。此外，基于绩效管理研究的新视点——构建积极的绩效管理文化，进一步跨层次分析绩效管理文化对绩效管理有效性的直接和间接影响。

（一）组织绩效管理文化与绩效管理问责制之间的关系

盖尔芬德和里洛（Gelfand & Realo，1999）认为，问责制的本质是高度的文化特性。在不同文化中个体被引导去理解那些存在于不同社会体系水平中的特殊期望、期望强度以及偏离这些期望可能会产生的后果，而组织则是通过正式的或非正式的问责机制来加强成员对组织期望的认知。盖尔芬德等（2004）进一步指出个人在特定的社会文化背景中通过社会化适应文化，发展多样化的个体、团队和组织如何对其他人负责或承担责任的认知地图。他们认为有紧密文化的组织会有一种责任网络，包含很多清晰的监督标准，进行实时监督，那些偏离标准的行为需要承担严重的后果。相反，在松弛文化下，组织只有较少的或者模糊的监督标准，产生无力的监督行为，而且对于标准偏差也没有或只有很少的惩罚。盖尔芬德等（2004）讨论了组织文化的三个维度个体主义与集体主义、松弛文化与紧密文化、权利距离与问责制之间的联系，指出所有文化都是通过问责制来实现可预见性、规范和控制的。弗林克和克里莫斯基（1998）认为组织文化确实会影响问责制，因为问责制包含了组织文化的核心价值观。据此，我们认为绩效管理问责制作为一种责任监督和约束机制，是控制和指导绩效管理过程的制度和规范，而这些制度和规范又是组织文化和价值观的具体体现，明确规定了组织期望的员工行为方式。这些制度的制定必须要依赖于组织文化，并且与其文化的核心价值观保持一致，否则这些制度将没有任何意义。组织绩效管理文化则是一种组织认知，是组织绩效管理方面的价值观，也是孕育绩效管理问责制和个体责任心的土壤与基础。

基于上述分析，提出如下假设：

H9：组织绩效管理文化正向影响绩效管理问责制。

（二）组织绩效管理文化与绩效管理有效性之间的关系

多数绩效管理研究者表明，组织文化是绩效管理实施差异的主要来源（Denison et al.，2004）。瓦尔（Waal，2006）认为企业绩效管理系统实施困难，主要是由于行为与文化因素没有被重视。佩雷茨（Peretz，2012）指出绩效评估是组织关键的人力资源活动，在经济全球化的背景下，我们却很少知道组织文化对绩效评估实践的影响。马吉（Magee，2002）认为组织文化和绩效管理是相互依赖的，组织文化为绩效管理的开发与实施提供了一个支持的环境，而绩效管理本质上又是一个企业战略、组织和文化的反应。多布雷（2014）也指出组织文化对绩效管理有一个直接的影响，是提升绩效管理有效性的关键因素。郭辰（2010）指出，绩效评估的成功离不开绩效文化的支撑，缺少绩效文化氛围的企业，绩效评估工作将很难有效开展。还有研究表明，一个积极的、强势的文化有助于员工用一种积极的方式去执行并实现任务，而消极的、虚弱的文化可能会减弱绩效，甚至会使一名优秀员工失去工作动力。综上，文化因素对绩效管理的有效实施至关重要。本书认为关注创建绩效管理文化，在本土情境下研究绩效管理的软环境，探讨组织氛围很重要。在组织中创建支持绩效管理的环境能够促进个体行为的改变，一个积极的组织绩效管理文化，能够明确地将绩效管理过程与环境因素相整合，营造良好的责任氛围，提升绩效管理的意义和接受度，激发员工形成正确的绩效管理认知和角色认知，提升员工参与度和工作责任心，最终有助于绩效管理的有效实施。

基于以上分析，提出如下假设：

H10：组织绩效管理文化正向影响绩效管理有效性。

（三）组织绩效管理文化在绩效评估责任心与绩效管理有效性之间的调节效应

研究个体的心理与行为问题，不能忽视组织的情境约束。研究表明人格特征与工作绩效之间的关系，不一定对所有情境中的所有员工都适用。员工行为发生时所处的情境的强度会调节人格与个体行为之间的关系（Barrick & Mount，1993）。组织绩效管理文化作为一种情境因素作用于整个组织，在组织中形成了一个绩效管理的情境。戈登和蒂图毛索（Gordon & DiTomaso，1992）指出，责任心影响员工的态度和行为，尤其是当组织文化较强时。在强势的组织文化下，组织具有明确的核心价值观，广泛地在成员之间共享，这就为组织成员如何形成组织期望的行为提供了一套明确统一的规范。陈维政等（2005）在分析组织文化对成员价值观的影响中指出，组织文化的作用路线是"塑造成员的思维方式→形成较强的制度规范→实现成员价值观与组织的统一"。在这一过程中组织文化起到了一种控制作用，利用符合组织价值观的行为规范或制度安排，塑造并引导成员表现出满足组织期望的态度和行为，促使成员对企业战略目标和管理哲学产生承诺，并协调组织成员之间的相互作用。在绩效管理的情境中，我们认为作为一种情境因素，绩效管理文化首先在组织内部营造了一种强烈的责任氛围，影响个体责任心，激发责任感；其次，基于组织价值观形成了规范、明确的问责机制，将工作角色责任传递给每一位需要承担责任的个体；最后，成员形成与组织价值观一致的个体价值观，并在它的约束和控制下，表现出符合组织期望的态度与行为。

基于以上论述，我们提出假设：

H11a：组织绩效管理文化正向调节评估者责任心与绩效管理有效性之间的关系；

H11b：组织绩效管理文化正向调节被评估者责任心与绩效管理有效性之间的关系。

第四节　假设汇总与跨层次模型构建

本研究在相关理论分析的基础上提出了 19 个研究假设，研究假设汇总表如表 3 - 1 所示。

表 3-1　　　　　　　　　　　　　　　研究假设汇总

序号	假设内容
H1a	评估者责任心正向影响绩效管理有效性
H1b	被评估者责任心正向影响绩效管理有效性
H2a	评估者责任心正向影响评估敬业行为
H2b	被评估者责任心正向影响反馈寻求行为
H3a	评估敬业行为正向影响绩效管理有效性
H3b	反馈寻求行为正向影响绩效管理有效性
H4a	评估敬业行为对评估者责任心与绩效管理有效性有中介作用
H4b	反馈寻求行为对被评估者责任心与绩效管理有效性有中介作用
H5a	评估者责任心与被评估者责任心的交互作用正向影响评估敬业行为
H5b	评估者责任心与被评估者责任心的交互作用正向影响反馈寻求行为
H6	绩效管理问责制正向影响绩效管理有效性
H7a	绩效管理问责制正向影响评估者责任心
H7b	绩效管理问责制正向影响被评估者责任心
H8a	评估者责任心对绩效管理问责制与绩效管理有效性有中介作用
H8b	被评估者责任心对绩效管理问责制与绩效管理有效性有中介作用
H9	组织绩效管理文化正向影响绩效管理问责制
H10	组织绩效管理文化正向影响绩效管理有效性
H11a	组织绩效管理文化正向调节评估者责任心与绩效管理有效性之间的关系
H11b	组织绩效管理文化正向调节被评估者责任心与绩效管理有效性之间的关系

　　基于人境互动理论、认知行为理论和特质激活理论，本研究通过对研究变量之间逻辑关系的系统整理，沿着"刺激→认知→行为"的研究思路，提出了全部的研究假设，并在此基础上整理出更加直观的"组织绩效管理文化→绩效管理问责制→绩效评估责任心→绩效评估行为→绩效管理有效性"的初始理论模型（见图 3-1），以探寻组织情境因素和个体因素共同对绩效管理有效性的作用机理，为后续实证检验奠定了基础。

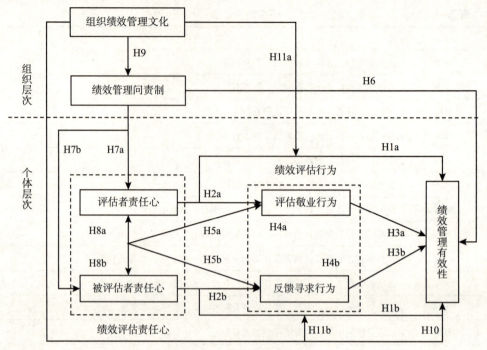

图3-1　本研究的理论模型

第五节　本章小结

　　本章在前期文献梳理和理论分析的基础上进行了理论拓展，深入剖析了组织绩效管理文化影响绩效管理问责制，进而影响绩效评估双方责任心及其敬业行为，最终作用于绩效管理有效性的内在机理。具体内容包括：首先，从核心变量概念的界定开始，对组织绩效管理文化、绩效管理问责制、绩效评估责任心、绩效评估行为以及绩效管理有效性的概念进行了清晰的界定和说明；其次，依次从个体层次和组织层次出发，在单一层面以及整体层面上系统梳理、分析变量彼此之间的联系；最后，基于变量之间的逻辑关系，提出本书的研究假设，构建理论模型。

第四章

研究设计与数据收集

基于前一章的研究思路、理论基础和理论模型，本章旨在为检验模型构建是否合理而设计规范有效的测量工具。问卷调查法是管理学定量研究中最为普及的数据收集方法，本书选用问卷法，按照理论与实践相结合的原则，基于文献梳理和企业员工的真实感知，提炼和归纳可行的测量题项，开发具有良好信度和效度的调查问卷。通过问卷调查搜集实证数据，以定量分析组织绩效管理文化、绩效管理问责制、绩效评估责任心、绩效评估行为和绩效管理有效性之间的关系。

第一节 问卷设计

调查问卷的质量会直接影响被试者在作答问卷时的态度和行为。一份表述不清或理解困难的问卷，容易使被试者丧失兴趣；一份用词不当或问题唐突的问卷，容易使被试者拒绝真实回答；一份设计冗长的问卷，容易让被试者产生厌烦情绪。这些情况都是低质量问卷的来源。为保证回收问卷的有效性和收集数据的准确性进而提升研究质量，研究者需要重视问卷设计的相关问题。

一、问卷设计的原则

调查问卷的来源主要包括两个方面，一是直接沿用现有量表。很多领域的研究者开发了一些具有较高信度和效度的测量量表，为后续进行实地研究提供了宝贵的条件，然而，直接沿用现有量表存在一定的局限性，比如，在文化上、时间上、语言上的差异等等。因此，在学术研究中选择沿用现有量表时，应该注意以下几个方面：（1）确认量表在概念上、文化上以及样本上的适用性，选择与自己的研究问题最为匹配的成熟量表；（2）确认量表的可行性，保证能够较容易的获得量表；（3）对于已选定的量表，要尽量沿用量表中的所有问题，不能随意删减；（4）选用国外量表时，应保证翻译的准确性（陈晓萍等，2012）。

二是自行设计量表。李怀祖（2004）指出，问卷设计整体应该遵循的基本原则是准确而简约、便于回答、富有吸引力。同时他还给出了设计问卷内容时的几点禁忌：（1）设计的题项不能含有倾向性，提问方式不能诱导答题者的选择。在用词的选择上应注意保持中性原则，避免选用褒义和贬义的词语；（2）避免提问那些可能会难以真实回答的问题；（3）不能把未经确认或尚未发生的事情当作前提假设。

基于研究问题和研究决策，本书采用直接沿用现有量表和自行设计量表相结合的方式，严格遵循问卷使用和设计的基本要求与原则，为正式量表的形成以及后续的实证检验提供可操作化基础。

二、问卷设计的过程

基于上述问卷设计的注意事项和基本原则，本研究开始进行问卷设计，调查问卷的具体设计过程如图4－1所示。

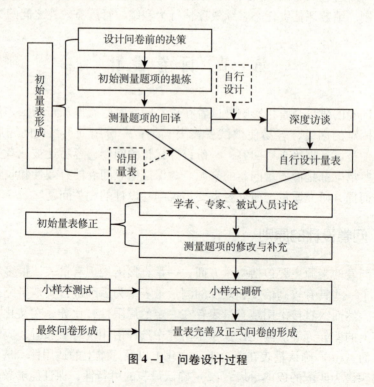

图4－1 问卷设计过程

（一）设计问卷前的决策

在设计问卷之前，对问卷中需要调查的变量、变量之间的关系以及变量的结构维度等问题结合研究思路和理论文献，进行了清晰的梳理，以便在问卷的设计过程中，分清主次，突出重点，均衡分布各变量的测量篇幅，保证量表的准确性。

（二）初始测量题项的提炼

在对国内外相关文献进行检索、阅读、归纳和整理的基础上，收集在文献中占有权威地位的、相对成熟的、被反复使用的测量量表。收集过程中充分考虑量表在文化上、概念上以及样本上的适用性，尤其注重原始量表与本研究理论构思的匹配性。提炼成熟量表中那些具有较高信度和效度的测量题项，经过情境化改编形成初始测量题项。

（三）测量题项的回译

对于国外的测量量表，为提高翻译的准确性，本书采用回译的方法，选择由4名人力资源专业和英语专业的博士研究生分为两组，其中，一组将英文的原始量表翻译成中文；另一组则将第一组翻译完成中文量表翻译成英文。由此对比共同研究解决翻译过程中出现的差异。最后，分别将翻译结果拿给1名本土的资深英语教授和1名中文较好的外籍老师进行修正，得到准确度良好的翻译量表。

（四）自行设计量表

由于在文化上、适用性上的局限以及当前学术研究中的不足之处，尚未发现系统测量组织绩效管理文化和绩效管理问责制的文献。据此，本书在概念界定的基础上，按照理论与实践相结合的原则，基于企业员工的真实感知，采用扎根理论的研究方法，归纳概念的结构维度，提取初始题项，编制测量量表。

（五）测量题项的修改与补充

邀请3位资深的人力资源专家、1位应用心理学教授以及4名企业人员进行题项的修改和完善。就回译后的国外量表和自行编制的量表，展开深入的讨论，对初始题项进行删除和补充，保证其在内容上符合本土文化的特征，易于被企业员工所理解，能够更加真实的反映测量问题。同时，在文字表达、篇幅和排版上更加的规范化和人性化。

第二节　初始题项的确定

基于研究假设，需要获取组织绩效管理文化、绩效管理问责制、评估者责任心、被评估者责任心、评估敬业行为、反馈寻求行为和绩效管理有效性七个变量的数据。全部测量量表均采用 Likert5 点计分，其中，"1" 表示 "完全不符合"，"5" 表示 "完全符合"。

一、组织绩效管理文化的初始测量题项

鉴于理论研究的不足，本书基于中国组织文化的现状，在组织绩效管理文化概念界定的基础上，采用扎根理论的方法，基于企业员工的真实感知，提炼并归纳了组织绩效管理文化的初始测量题项。

（一）访谈

本书基于方便样本原则，在重庆、广州、山东和北京 4 个地区选取 63 名大中型中国企业中的中高层管理者（大中型企业的绩效管理实施相对规范；中国企业样本对结论的普适性更有说服力；中高层管理者对绩效管理的理论与实践具有更高层次的认知）作为访谈对象，采用半结构化访谈法获取他们对绩效管理文化的理解和感知。访谈形式主要以面对面访谈为主，辅助加以网络和电话访谈，访谈时间控制在 60 分钟以内。基于研究需要和文献分析，提炼了访谈提纲，包括 4 个问题：（1）您是怎样理解绩效管理文化的？（2）在您看来企业积极的绩效管理文化是否会影响绩效管理实施的效度？（3）您所在的企业是否存在绩效管理文化？如果存在，表现在哪些方面？如果不存在，您认为应该重点关注哪些方面的建设？（4）您认为一个有着积极绩效管理文化的企业会表现出怎样的态度与行为。

（二）编码

访谈完成后，随机抽取 32 份访谈资料，应用扎根理论的方法，通过实质性编码（开放性编码和选择性编码）和理论编码两个环节，对访谈资料进行处理分析，归纳、提炼初始测量题项，主要分三步进行。

第一步，开放性编码，本着完全开放的态度，对回收数据进行逐行编码，并

将其概念化和抽象化，提炼初始指标。编码过程中使用被试者的原话作为指标归类的基础，这些原生代码可以最真实地反映企业个体对绩效管理文化的认知。开放性编码得到48个初始指标（见表4-1）。

表 4-1　　　　　　　　　被试 A1 的绩效管理文化开放性编码示例

	原始资料	初始指标
组织绩效管理文化	我认为绩效管理文化就是在组织中形成一种有利于绩效管理实施的氛围，在这种氛围下全员可以正确的认识绩效管理。一种好的文化是可以影响绩效管理的有效实施的。我们企业目前这一块不是很完善，有一些绩效管理方面的讲座和培训，针对专门的绩效管理文化还没有系统的建设。未来可以关注这一方面，主要是形成正确的氛围，让全员认识到绩效管理是有重要价值的，规范管理者和员工的行为，保证绩效管理各个环节是有序进行的，真正有效。管理者要以身作则，公平公正的对待每一位下属；员工努力完成本职工作，管理者和员工之间形成良好的关系，能够经常互动，关键是形成开放的沟通氛围有积极绩效管理文化的企业中绩效管理的推行应该会事半功倍，在文化的约束和规范下全员会更加努力的工作	A1-1 文化氛围影响成员对绩效管理的认知； A1-2 文化氛围提升了绩效管理实施的有效性； A1-3 为绩效管理推行提供培训等资源支持； A1-4 文化氛围可以提升绩效管理的价值认知； A1-5 文化氛围可以有效引导成员形成正确的行为； A1-6 文化氛围有利于在管理者和员工之间建立良好的合作关系； A1-7 文化氛围有利于实现沟通； A1-8 文化氛围降低了绩效管理实施的难度，提升了效率

第二步，选择性编码，通过对初始指标的比较分析理清概念之间的关系，提炼概念的子范畴，进一步筛选、分类，合并所有子范畴，整理归纳出更具综合性和代表性的核心范畴。选择性编码环节总共提炼了33个子范畴，进一步分类合并成6个核心范畴（见表4-2）。

表 4-2　　　　　　　　　绩效管理文化选择性编码结果

核心范畴	子范畴	初始指标示例
控制性	约束	文化氛围可以约束成员的行为
	规避	通过传递正确的价值观规避不利行为
	履责	重视职责的履行
	强化	借助文化传播强化成员对绩效管理的正确认知
	管控	形成了一套严格的管理和控制体系
	官僚机制	不得滥用权力，严格按照规定办事

续表

核心范畴	子范畴	初始指标示例
一致性	协调一致	绩效管理实施过程中成员做到步调一致，整齐划一
	统一认识	对待绩效管理的推行企业上下达成了统一认识
	共同性	树立起共同的绩效管理价值观
	主动配合	强调企业内部层级间各项工作的配合协作
目的性	战略导向	文化宣贯始终与企业战略目标保持一致
	目标导向	重视目标达成
	明确期望	成员清楚地知道绩效管理的目标是什么
	崇尚行动	把具体任务落实到部门和员工个人
友好性	亲近友善	强调人性化建设，成员之间可以彼此分享经验
	协助	评估者协助员工改进绩效，实现自我发展
	平易近人	评估者容易接触和亲近，不会让人产生压力感
	良好互动	评估者和被评估者之间互动频繁，实现了无障碍交流
	关系和睦	评估者和被评估者之间形成了良好的伙伴关系
	帮助指导	管理者主动指导绩效管理各项工作的执行
公平性	不偏不倚	评估者对待所有的被评估者一视同仁
	实事求是	坚持实事求是的原则开展工作
	准确无误	评估者提供正确的评估结果
	平等性	全部成员都能得到平等对待
	开诚布公	强调相互信任和成员的持续参与
激励性	收入驱动	工作表现与工资收入挂钩
	奖励与惩罚	奖励为主惩罚为辅
	鼓励	允许成员犯错
	保障	重视成员工作顺利完成的保障和稳定性
	宽严并济	强调严格管理又讲求适时适度，避免对成员形成过大压力
	管理机制	形成了一套成熟的管理机制

第三步，理论编码，对剩余的 31 份访谈资料进行实质性编码，发现并没有析出新的核心范畴，进一步将扎根理论归纳出的核心范畴与已有组织文化的结构维度进行比较，也尚未发现有新的范畴，表明本书所构建的组织绩效管理文化的

理论模型已达到饱和。

综上所述，组织绩效管理文化是一个六维度的结构，由控制性、一致性、目的性、友好性、公平性和激励性共同构成。其中，控制性强调对绩效管理实施过程的严格管理、制度约束和责任落实。一致性是强势文化的表现，强调绩效管理流程的标准化、专业化和规范化，强调组织成员行为的统一化。目的性强调绩效管理目标与企业战略目标的统一，重视驱动目标实现的行为。它对绩效管理有效性的影响表现为：给出了绩效管理实施的目的和意义；明确了成员努力的方向和最终目标。友好性强调绩效管理实施中持续的双向沟通，重视在评估者和被评估者之间建立友好的合作关系。公平性强调绩效管理的制度和流程需要体现出公平和公正，以减少员工的不平之鸣，降低冲突的发生。公平性是绩效管理的基础，也是绩效管理有效性的保证。激励性涉及营造有激励作用的绩效管理氛围，强调正面激励。

（三）测量题项的产生

在对绩效管理文化访谈资料进行实质性编码的环节中，共提取了48个初始指标。通过把这些指标拿给3名咨询公司的专家和先前访谈过的4家企业的12名中高层管理者，来判断和辨别这些指标是否能够表征国内企业的绩效管理文化。完善过程中根据他们提出的建议进行修改，并对未提及的指标进行补充，对提及频次较低以及表述同义的指标予以删除，力求每个指标都能够清晰地反映被试者的真实想法。通过归纳和整理，合并删除了26个原始指标，补充了3个新指标。为了保证开发量表的内容效度，进一步把修正后包含25个指标的初始测量量表拿给高校3名人力资源领域的研究者，请专家对全部指标的内容和词句适切性进行逐一检视，并在此基础上进一步修正完善，最终形成包含24个测量题项的预测量表（见表4-3），主要测量企业成员对绩效管理以及组织功能的基本认知。

表4-3　　　　　　　　　　组织绩效管理文化的初始测量题项

维度	测量题项
控制性	KZ-1 管理者严格管理，员工严格按照规章制度做事
	KZ-2 强调绩效管理高效、稳定以及顺畅的实施
	KZ-3 形成了一套严格的管理和控制机制以保证绩效管理的良好运行
	KZ-4 树立和践行正确的绩效管理价值观以引导成员正确的行为
一致性	YZ-1 成员配合协作共同完成绩效管理的各项工作
	YZ-2 成员对绩效管理的意义和价值达成了共识

续表

维度	测量题项
一致性	YZ-3 成员在绩效管理实施过程中采取协调一致的行动
	YZ-4 企业内部树立起共同的绩效管理价值观
目的性	MD-1 企业具有强烈的结果导向，强调工作目标的完成
	MD-2 把要完成的工作落实到具体的部门和个人
	MD-3 成员清楚地知道绩效管理的方向和目标是什么
	MD-4 绩效管理目标实现了与企业战略目标的统一
友好性	YH-1 营造了支持持续双向沟通的氛围
	YH-2 成员愿意分享自己的经验和想法
	YH-3 评估者和被评估者之间建立了良好的合作关系
	YH-4 评估者和被评估者之间实现了无障碍交流
公平性	GP-1 关注于成员所做出的努力和贡献
	GP-2 绩效管理的各个环节都是公开透明的
	GP-3 评估结果准确可靠
	GP-4 我充分信任我的评估者
激励性	JL-1 给予那些做出积极贡献的员工提供更多的资源支持
	JL-2 当员工在绩效管理实施过程中表现优秀时，有关部门总是会给予公开奖励
	JL-3 形成了一套成熟的管理机制，保障绩效管理的有序进行
	JL-4 绩效管理开展之前提供了多次技能培训

二、绩效管理问责制的初始测量题项

目前，尚未发现系统测量问责制的文献，据此，本书在绩效管理问责制概念界定的基础上，依照理论与实践相结合的原则，采用定性与定量相结合的方法，基于扎根理论的三级编码，提炼、归纳了本土化的绩效管理问责制初始测量题项。

（一）访谈

在对企业人员进行访谈的过程中一起收集了被试者对绩效管理问责制的理解和感知。访谈提纲包括 4 个问题：（1）您是怎样理解问责制的？问责制的作用有哪些？（2）在您看来问责制对企业绩效管理的有效实施有没有帮助？如果有，体现在哪些方面？(3) 您所在的企业是否存在绩效管理问责制？如果存在，它在哪些环节起到了哪些作用？如果不存在，您认为落实绩效管理问责制建设需要从哪些方面入手？(4) 您认为一个有着健全绩效管理问责制的企业会表现出怎样的态度与行为。

(二) 编码

访谈完成后进行数据的处理和分析，同样分三步进行：第一，对开始的 32 份访谈资料进行开放性编码，提炼初始指标（见表 4 – 4）；第二，比较、分析开放性编码环节中提炼的全部初始指标，通过指标的筛选、合并及分类，形成绩效管理问责制的 19 个子范畴，最后把子范畴整合成 4 个更具代表性的核心范畴（见表 4 – 5）；第三，理论编码，把剩余的 31 份访谈资料进行实质性编码，发现并未析出新的范畴，进一步把所得到的核心范畴与已有的问责制结构维度相比较，也未发现新的范畴，说明本书所构建的绩效管理问责制的理论模型饱和度较好。综上，企业绩效管理问责制是一个由责任范围、响应程度、责任监督与控制和奖惩激励机制组成的四维结构。其中，责任范围强调科学划分，明晰行为主体在绩效管理实施过程中需要履行责任的方方面面。响应程度强调企业能够在多大程度上号召个体支持并追随绩效管理规章制度的规范和约束，主动履行自我责任。责任监督与控制强调组织重视在成员执行任务过程中对其责任履行情况的实时关注和把控。奖惩激励机制重视对方式、方法的考虑，强调针对责任履行情况采取奖励与惩罚的干预措施。

表 4 – 4　　　　　　　　被试 A1 的绩效管理问责制开放性编码示例

	原始资料	初始指标
绩效管理问责制	我认为问责制就是一些标准，按照这些标准要求对一些不符合标准的人或事进行问责。问责制的关键作用就是保障问责的实施，使问责有据可依，更容易被接受和信服。问责制对绩效管理成效是有帮助的，标准明确了，责任就明确了，成员各尽其责肯定绩效管理就有效了。再有就是标准或者制度可以起到监督的作用，通过制度监督可以保障绩效管理各个环节的有效实施。本企业有一些相关方面的标准和要求，来保障绩效管理的推行，但是可能还是不足的，应该进一步落实问责制的建设，形成一种体系。那些具有完善问责制的企业肯定是责权统一的，享受权利的同时要主动履行责任，不履行时就要被相关部门，按照明确的标准，追究责任。这样不作为的情况就会比较少，企业各项工作都会有序进行，有利于实现目标	A1 – 1 是一些问责的标准； A1 – 2 保障问责的实施； A1 – 3 追究成员的责任； A1 – 4 明确了成员的责任； A1 – 5 驱动责任履行 A1 – 6 使问责有据可依； A1 – 7 监督责任履行情况； A1 – 8 实现了责权统一； A1 – 9 保障各项工作有序进行； A1 – 10 可以形成一种体系； A1 – 11 约束不作为的发生； A1 – 12 存在惩罚性； A1 – 13 实现组织目标

表 4-5 绩效管理问责制选择性编码结果

核心范畴	子范畴	初始指标示例
责任范围	确立责任标准	对如何履行责任以及取得怎样的效果有一套成熟的标准
	明确责任	成员清楚地知道自己"份内的事"有哪些
	明确期望目标	成员十分清楚企业推行绩效管理的目标是什么
	清晰的规则	形成了一套明确的说明行为标准的规则
响应程度	合作关系	强调评估者与被评估者的良好合作
	为被评估者赋权	被评估者可以向未履行(未正确履行)责任的评估者追责
	认知的开放性	问责的过程和结果是公开公正的
	号召性	强调全员积极参与到问责环节
	直接参与	建立了问责的直接参与渠道
责任监督与控制	防止职权滥用	形成了一套成熟的约束和控制机制
	遵循规则和程序	强调成员做事遵循既定的程序和规则
	外在约束机制	积极推进绩效管理制度化
	控制系统	建立了保障绩效管理实施的内部与外部控制系统
	责任评判与纠偏	评判和纠偏责任的标准合理
奖惩激励机制	强制性措施	对人对事严格按照相关标准实施处理,不会徇私舞弊
	奖惩并存	形成了一系列明确的奖惩标准
	承担后果	强调成员主动承担相应的后果
	纠正与惩罚	及时纠正不良行为,对已经造成负面影响的成员严厉惩罚
	驱动作用	存在一套奖惩标准驱动责任履行

(三) 测量题项的产生

扎根理论的实质性编码环节,共提取了 29 个初始指标。通过把初始指标拿给 3 名咨询公司的专家和先前访谈过的 4 家企业的 12 名中高层管理者,来判断和辨别这些指标是否能够表征国内企业的绩效管理问责制。完善过程中根据他们提出的建议进行修改,并对未提及的指标进行补充,对提及频次较低以及表述同义的指标予以删除,力求每个指标都能够清晰地反映员工的真实想法。通过归纳和整理,合并删除了 15 个原始指标,补充了 2 个新指标。为了保证开发量表的内容效度,把修正后包含 16 个指标的初始测量量表拿给高校 3 名人力资源领域的研究者，请专家对全部指标的内容和词句适切性进行逐一检视，在此基础上进一步修正完善，最终形成包含 16 个测量题项的预测量表（见表 4-6），主要测量企业实施绩效管理过程中问责机制的完善与发挥作用的程度。

表 4-6　　　　　　　　　　　绩效管理问责制的初始测量题项

维度	测量题项
责任范围	AR-1 绩效管理的每一项工作都有清晰的职责标准
	AR-2 绩效管理实施过程中成员需要履行哪些责任有详细的书面说明
	AR-3 成员能够对自己以及他人的行为和结果负责
	AR-4 形成了一套明确的说明行为标准的规则
响应程度	XC-1 成员总是能够积极对待绩效管理工作并主动参与其中
	XC-2 要求成员必须积极参与，努力实现组织对岗位职责的期望
	XC-3 成员对岗位责任的认知和行为方式在很大程度上受到企业制度的影响
	XC-4 绩效管理的核心理念、意义和目标成功地传递给了每一位成员
责任监督与控制	AJ-1 绩效管理的每一项流程都处在企业的实时监督和控制下
	AJ-2 对成员职责的履行情况给予严格的监督与评价
	AJ-3 企业重视与成员的沟通，能够为成员提供有价值的反馈
	AJ-4 成员几乎没有出现过失职行为
奖惩激励机制	JC-1 存在一套奖罚分明的奖惩标准，并总能严格按照标准执行
	JC-2 企业给予那些在绩效管理工作中尽职尽责的成员一定的奖励
	JC-3 成员达到奖励/惩罚标准时，企业总是会及时地给予公开的奖励/惩罚
	JC-4 企业在做出奖励/惩罚决定时，总是能够明确地给出有关奖/罚的具体原因

三、绩效评估责任心的初始测量题项

责任心作为一种心理属性，深受环境因素的影响。中国传统文化根深蒂固，等级观念、面子主义、人情法则盛行，这些传统的儒家文化和价值观，塑造了国人独特的心理结构，完全照搬西方理论并不适合本土企业的需要。据此，本书选用本土化的绩效评估责任心量表，直接沿用闫敏和冯明（2016）基于传统文化开发的评估者责任心量表（见表 4-7）和被评估者责任心量表（见表 4-8）。其中，评估者责任心量表含有 4 个维度共 15 个测量题项，主要测量评估者对其工作角色中责任的认知及履行情况；被评估者责任心量表也包含 4 个维度共 15 个测量题项，主要测量被评估者对其工作角色中责任的认知及履行情况。

表 4 - 7　　　　　　　　　　　　评估者责任心的初始测量题项

维度	测量题项
尽职尽责	JZ - 1 我的评估者在开展评估工作时总能保持高度的责任心
	JZ - 2 我的评估者每次都能够理性的、实事求是地为他人做出评估
	JZ - 3 我的评估者在评估过程中绝对不会掺杂私人感情
	JZ - 4 我的评估者总是能够公平公正的对待每一位被评估者
诚信可靠	CX - 1 同事们普遍认为我的评估者是一位很好的工作搭档
	CX - 2 同事常常感觉跟我的评估者在一起具有安全感
	CX - 3 我的评估者在组织中拥有融洽的人际关系
	CX - 4 我的评估者是我可以信赖并想和他交谈的人
评估技能	PG - 1 我的评估者拥有丰富的评估经验和技能
	PG - 2 我的评估者掌握了很多高效的评估方法
	PG - 3 我的评估者能够很好地应对评估工作中出现的问题
	PG - 4 我的评估者每次反馈回的评估结果都很有说服力
响应能力	XY - 1 我的评估者能够积极参与到绩效评估工作中
	XY - 2 我的评估者对绩效评估工作充满热情
	XY - 3 我的评估者总是积极参加绩效管理方面的相关培训和组织活动

表 4 - 8　　　　　　　　　　　　被评估者责任心的初始测量题项

维度	测量题项
互信互赖	HX - 1 该员工充分信任他的评估者、上级、组织以及组织管理者
	HX - 2 该员工与同事之间能够做到互帮互助
	HX - 3 在与领导进行沟通交流时，该员工能够积极表达他的真实想法
诚实守责	CS - 1 该员工是一个诚实的人，喜欢公平竞争
	CS - 2 该员工在工作中遵守纪律，服从安排
	CS - 3 该员工能够主动承担应该负起的责任，绝不推脱
	CS - 4 该员工注重自身的品德修养

维度	测量题项
自省上进	ZX-1 该员工经常会拿出一些时间来反思自己在一个时间段内的工作表现
	ZX-2 该员工在工作中追求出类拔萃，不甘落后
	ZX-3 该员工在工作中遇到难题，不会轻易放弃，总能够成功解决
	ZX-4 该员工充分了解自己，工作中能够做到强化优势，改进劣势
响应能力	XY-1 该员工认为绩效管理的实施对自己有很大的帮助
	XY-2 该员工支持并能够积极参与到绩效管理的各项工作流程中
	XY-3 该员工十分希望为组织绩效管理的实施贡献自己的一份力量
	XY-4 该员工总是能够约束自己做好自己的本职工作

四、绩效评估行为的初始测量题项

评估敬业行为测量题项的来源是结合绩效管理的情境和传统文化背景下评估者的行为特征，改编自塞豪费利等（Sehaufeli et al.，2002）的敬业量表。量表从活力、奉献和专注三个维度进行测量，共包含 9 个题项（见表 4-9），主要测量评估者对绩效管理和自身角色的认知以及在认知基础上形成的行为。反馈寻求的测量量表直接沿用范德瓦勒等（Vandewalle et al.，2000）开发的一维量表，共 5 个题项（见表 4-10），用来反映被评估者在工作中寻求反馈的积极性和主动性。

表 4-9　　　　　　　　　评估敬业行为的初始测量题项

维度	测量题项
活力	HL-1 他全力支持绩效管理的实施，并认为这项工作具有重大的意义
	HL-2 他对绩效管理工作的开展充满热情，干劲十足
	HL-3 在绩效管理的工作中，执行工作任务时他总是精力充沛
奉献	FX-1 他认为在绩效管理过程中自己所做的工作充满了意义
	FX-2 他对自己能够参与到绩效管理实施中感到自豪
	FX-3 对他来讲，绩效管理这项工作富有挑战
专注	ZZ-1 当他工作时，他把周围的一切全部忘记了
	ZZ-2 专心工作时他会感到很快乐
	ZZ-3 他能够沉浸在自己的工作中

表 4 – 10	反馈寻求行为的初始测量题项
测量题项	
FK – 1 该员工经常向我询问我对他工作绩效的看法	
FK – 2 该员工经常向我询问他的工作态度和行为是否符合公司的价值观	
FK – 3 该员工经常向我询问他的工作表现如何	
FK – 4 该员工经常向我请教专业技能方面的知识	
FK – 5 该员工经常向我询问他具体的工作角色定位是什么以及我对他的期望	

五、绩效管理有效性的初始测量题项

根据本书的研究目的，对绩效管理有效性的测量直接沿用德威特林克（2008）编制的量表，将绩效管理有效性变量看作是一个个体层面的整体变量，主要测量员工所感知到和接收到的基于企业绩效管理实施而获得的福利（见表 4 – 11）。

表 4 – 11	绩效管理有效性的初始测量题项
测量题项	
PS – 1 组织的绩效管理能够激励我的工作积极性	
PS – 2 组织的绩效管理能够促使我更好地履行工作职责	
PS – 3 组织的绩效管理使我明确了我的工作职责具体有哪些	
PS – 4 组织的绩效管理增强了我的自尊心	
PS – 5 组织的绩效管理有助于我的职业发展	
PS – 6 组织的绩效管理能够让我清楚地认识到自己在工作中的个人贡献和附加价值	
PS – 7 组织的绩效管理影响我对工作舒适程度的感受	
PS – 8 组织的绩效管理影响我的工作表现	
PS – 9 组织的绩效管理促使我对自身未来的职业发展有了一个清楚的认识	

六、控制变量的测量

本书主要的控制变量分为企业特征变量和人口特征变量两部分。通过对比相关研究文献，需要测量的企业特征包括：（1）企业规模，由企业员工的总数量来表示，"1"代表199人以下，"2"代表200～399人，"3"代表400～599人，

"4"代表600~799人，"5"代表800人以上；（2）企业所有制类型，"1"代表国有企业，"2"代表民营企业，"3"代表外资企业；（3）行业类型，"1"代表制造业，"2"代表服务业，"3"代表零售业，"4"代表金融业，"5"代表IT产业。

需要测量的个体特征包括：（1）性别，"1"代表男性，"2"代表女性；（2）年龄，"1"代表28岁及以下，"2"代表29~33岁，"3"代表34~39岁，"4"代表40~45岁；"5"代表46岁及以上；（3）受教育程度，"1"代表专科及以下，"2"代表本科，"3"代表硕士，"4"代表博士；（4）职位级别，"1"代表普通员工，"2"代表基层管理者，"3"代表中层管理者，"4"代表高层管理者；（5）工作年限，"1"代表3年以下，"2"代表3~6年，"3"代表7~10年，"4"代表11~14年，"5"代表14年以上。

第三节　小样本测试

本研究的测量量表除了直接沿用国外的成熟量表和改编现有的成熟量表以外，鉴于目前学术研究的不足，进一步采用扎根理论的方法，基于企业员工的感知，自行开发了两个量表。虽然已经请专家和相关学者进行了适当的修正，但难免还会存在一些不理想的题项。通过小样本测试，进一步提炼和净化预测量表，形成规范、实用的正式量表，以保证大样本调研中数据的准确性，提升研究结果的可靠性。

一、小样本的发放与回收

本书主要通过个人关系资源寻找合适的企业进行问卷发放，小样本调查从2015年11月1日至2015年12月15日结束。根据侯杰泰等（2004）的建议，小样本调研的有效问卷数量应该在107份以上。遵从就近原则，随机选取重庆市4家制造行业的企业，在各企业人力资源部门的协助下，进行现场问卷的发放和收集。依照员工花名册，每家企业随机抽取40名员工完成问卷作答，共发放问卷160份。对收回的问卷按照以下标准进行仔细的检查，问卷中漏答题项的个数超过9项（问卷总题项个数的10%）；问卷中连续10项条款的答案相同或者规律性的出现；测谎题的答案前后不一致。当上述情况出现任意一种时，就把此问卷当作废卷处理，最终经过认真筛查，剔除无效问卷后，收回121份有效问卷，有效回收率为 75.6%。小样本概况描述如表 4-12 所示。

表 4-12 小样本概况描述

变量名称	编码	内容	频数	百分比（%）
性别	1	男	66	54.5
	2	女	55	45.5
年龄	1	28 岁及以下	33	27.3
	2	29～33 岁	40	33.1
	3	34～39 岁	25	20.6
	4	40～45 岁	18	14.9
	5	46 岁及以上	5	4.1
受教育程度	1	专科及以下	24	19.8
	2	本科	48	39.7
	3	硕士	31	25.6
	4	博士	18	14.9
职位级别	1	普通员工	59	48.8
	2	基层管理者	32	26.4
	3	中层管理者	21	17.4
	4	高层管理者	9	7.4
工作年限	1	3 年以下	36	29.8
	2	3～6 年	31	25.6
	3	7～10 年	29	24.0
	4	11～14 年	19	15.7
	5	14 年以上	6	4.9

二、小样本检验

采用 SPSS19.0 统计软件，对小样本测试的有效数据进行项目分析、信度分析和效度分析，进一步修正完善测量题项，形成正式问卷。具体操作如下：首先，对各量表中的全部测量题项进行修正题项的总相关系数分析（Corrected-Item Total Correlation，CITC），根据克龙巴赫（Cronbach，1951）的验证标准，当

CITC 的值小于 0.5 时，该题项予以删除。其次，分析各题项之间的内部一致性 α 系数，以检验测量量表的信度，α 系数要在 0.7 以上，最好能高于 0.8 (吴明隆，2013)。信度检验旨在检视题项删除后，整体量表 α 系数的变化，如果 α 系数显著增大，表示此题项与量表中其他题项的同质性不高，可以删除。最后，对删除题项后的新量表进行探索性因子分析，检验新量表的效度。

(一) 组织绩效管理文化量表的信度分析和探索性因子分析

1. 组织绩效管理文化量表的 CITC 分析和信度检验

从表 4 – 13 可知，组织绩效管理文化量表中 24 个初始测量题项的 CITC 系数均满足大于 0.5 的检验标准，也不存在删除某个题项后可以使整体量表的 α 系数提升的可能。故保留原始量表中的全部题项。量表整体的 α 系数值大于 0.8，说明各题项之间具有较高的内部一致性，测量模型信度较好。

表 4 – 13　　　　组织绩效管理文化量表的 CITC 分析和信度分析

变量	测量题项	CITC	删除该条款后的 α 系数	α 系数
控制性	KZ – 1	0.774	0.832	
	KZ – 2	0.712	0.851	
	KZ – 3	0.735	0.846	
	KZ – 4	0.751	0.839	
一致性	YZ – 1	0.765	0.835	
	YZ – 2	0.744	0.841	
	YZ – 3	0.698	0.855	
	YZ – 4	0.664	0.859	α = 0.872
目的性	MD – 1	0.636	0.867	
	MD – 2	0.719	0.850	
	MD – 3	0.763	0.835	
	MD – 4	0.758	0.836	
友好性	YH – 1	0.574	0.870	
	YH – 2	0.613	0.868	
	YH – 3	0.706	0.852	
	YH – 4	0.679	0.857	

续表

变量	测量题项	CITC	删除该条款后的 α 系数	α 系数
公平性	GP – 1	0.642	0.867	
	GP – 2	0.725	0.850	
	GP – 3	0.696	0.852	
	GP – 4	0.732	0.842	α = 0.872
激励性	JL – 1	0.673	0.857	
	JL – 2	0.669	0.857	
	JL – 3	0.584	0.869	
	JL – 4	0.615	0.868	

2. 组织绩效管理文化量表的探索性因子分析

项目分析完成后，采用探索性因子分析检验量表的建构效度。KMO 值为 0.929 大于 0.8，说明量表中测量题项之间的关系是良好的，存在共同因素。而且 Bartlett's 球形检验的 x^2 值为 1124.235，显著性概率为 0.000，表明量表适合进行因子分析。分析结果如表 4 – 14 所示，采用主成分分析法，抽取了 6 个特征值大于 1 的因子，六个因子共同解释了组织绩效管理文化总变异量的 79.627%，超过 50% 的验证标准，说明量表具有较好的效度。此外，量表中每个题项的因子载荷均大于 0.5，且不存在各因子之间测量题项的交叉，表明全部题项都是符合要求的，不需要再对量表进行修正。本书归纳的包含 6 个维度共 24 个测量题项的组织绩效管理文化初始量表可以作为正式量表使用。

表 4 – 14　　　　　　　　组织绩效管理文化量表的探索性因子分析

测量题项	因子 1	因子 2	因子 3	因子 4	因子 5	因子 6
KZ – 1	0.869					
KZ – 2	0.734					
KZ – 3	0.777					
KZ – 4	0.851					
YZ – 1		0.830				
YZ – 2		0.751				
YZ – 3		0.739				

续表

测量题项	因子1	因子2	因子3	因子4	因子5	因子6
YZ – 4		0.739				
MD – 1			0.656			
MD – 2			0.700			
MD – 3			0.822			
MD – 4			0.816			
YH – 1				0.656		
YH – 2				0.775		
YH – 3				0.784		
YH – 4				0.678		
GP – 1					0.795	
GP – 2					0.813	
GP – 3					0.805	
GP – 4					0.816	
JL – 1						0.744
JL – 2						0.717
JL – 3						0.672
JL – 4						0.691
特征值	3.759	3.114	3.039	2.847	3.525	2.381
解释方差的%	15.663	14.829	12.663	11.863	14.688	9.921
累计解释方差的%	15.663	30.492	43.155	55.018	69.706	79.627

(二) 绩效管理问责制量表的信度分析和探索性因子分析

1. 绩效管理问责制量表的 CITC 分析和信度检验

从表 4 – 15 可知,绩效管理问责制 16 个测量题项的 CITC 系数中,小于 0.5 的题项有 2 个,分别是 AJ – 3 和 JC – 4。删除 AJ – 3 时,整体量表的 α 系数从初始的 0.842 提升为 0.847;删除 JC – 4 时,整体量表的 α 系数提升为 0.848。根据检验标准将这 2 个题项予以删除,保留其他测量题项。删除条款后整体量表的 α 系数上升为 0.857,说明新量表各题项之间的内部一致性较高,量表的信度较好。

表 4 – 15 绩效管理问责制量表的 CITC 分析和信度分析

变量	测量题项	CITC	删除该条款后的 α 系数	α 系数
责任范围	AR – 1	0.601	0.831	
	AR – 2	0.569	0.832	
	AR – 3	0.633	0.820	
	AR – 4	0.727	0.819	
响应程度	XC – 1	0.506	0.837	
	XC – 2	0.670	0.826	
	XC – 3	0.804	0.811	
	XC – 4	0.725	0.819	$\alpha_1 = 0.842$
责任监督与控制	AJ – 1	0.592	0.831	$\alpha_2 = 0.857$
	AJ – 2	0.743	0.817	
	AJ – 3	0.279	0.847	
	AJ – 4	0.462	0.837	
奖惩激励机制	JC – 1	0.804	0.811	
	JC – 2	0.677	0.825	
	JC – 3	0.714	0.821	
	JC – 4	0.270	0.848	

注：α_1 表示测量条款删除前的 α 值；α_2 表示测量条款删除后的 α 值，下同。

2. 绩效管理问责制量表的探索性因子分析

信度检验修正了绩效管理问责制的初始量表，删除了两个不符合要求的题项。为了检验修正后量表的效度，对删除题项后的剩余题项进行探索性因子分析。KMO 值为 0.638，Bartlett's 球形检验的 x^2 值为 307.701，显著性概率为 0.000，说明剩余题项适合进行因子分析。分析结果（见表 4 – 16）显示，主成分分析提取了 4 个特征值大于 1 的共同因子，四个因子累计解释了绩效管理问责制总变异量的 68.78%，大于 50% 的要求，而且全部题项的因子载荷均满足大于 0.5 的标准，不存在各因子之间题项的交叉，表明由 14 个题项组成的新量表具有较好的聚合效度，可以在后续的大样本调查中使用。

表4-16   **绩效管理问责制量表的探索性因子分析**

测量题项	因子1	因子2	因子3	因子4
AR-1	0.883			
AR-2	0.857			
AR-3	0.757			
AR-4	0.780			
XC-1		0.872		
XC-2		0.727		
XC-3		0.899		
XC-4		0.749		
AJ-1			0.857	
AJ-2			0.683	
AJ-4			0.718	
JC-1				0.615
JC-2				0.547
JC-3				0.523
特征值	3.708	3.002	2.249	1.170
解释方差的%	26.486	21.443	12.494	8.357
累计解释方差的%	26.486	47.929	60.423	68.78

（三）绩效评估责任心量表的信度分析和探索性因子分析

1. 评估者责任心量表和被评估者责任心量表的 CITC 分析和信度检验

从表4-17可知，评估者责任心量表的测量题项中 PG-4 的 CITC 系数大于 0.3，小于 0.5，但是删除此项后整体量表的 α 系数并没有增加。也不存在其他任一题项删除后，量表总的 α 系数增加的情况，说明评估者责任心量表中的全部测量题项可以在正式测量中使用。量表总的 α 系数值大于 0.8，表示测量题项之间的内部一致性较高，量表信度较好。

表 4 – 17   评估者责任心量表的 CITC 分析和信度分析

变量	测量题项	CITC	删除该条款后的 α 系数	α 系数
尽职尽责	JZ – 1	0.557	0.850	
	JZ – 2	0.579	0.848	
	JZ – 3	0.596	0.844	
	JZ – 4	0.612	0.841	
诚信可靠	CX – 1	0.603	0.844	
	CX – 2	0.617	0.841	
	CX – 3	0.569	0.849	
	CX – 4	0.576	0.848	α = 0.915
评估技能	PG – 1	0.581	0.848	
	PG – 2	0.587	0.846	
	PG – 3	0.518	0.862	
	PG – 4	0.333	0.880	
响应能力	XY – 1	0.573	0.848	
	XY – 2	0.642	0.835	
	XY – 3	0.702	0.827	

由表 4 – 18 可知，被评估者责任心量表中全部题项的 CITC 系数均大于 0.5，量表整体的 α 系数大于 0.8，表明各测量题项之间的内部一致性较高，被评估者责任心量表的信度较好，可以在正式调查中使用。

表 4 – 18   被评估者责任心量表的 CITC 分析和信度分析

变量	测量题项	CITC	删除该条款后的 α 系数	α 系数
互信互赖	HX – 1	0.732	0.910	
	HX – 2	0.777	0.908	
	HX – 3	0.748	0.910	
诚实守责	CS – 1	0.659	0.913	α = 0.919
	CS – 2	0.616	0.914	
	CS – 3	0.633	0.914	
	CS – 4	0.596	0.916	

续表

变量	测量题项	CITC	删除该条款后的 α 系数	α 系数
自省上进	ZX – 1	0.673	0.913	α = 0.919
	ZX – 2	0.756	0.909	
	ZX – 3	0.589	0.915	
	ZX – 4	0.777	0.908	
响应能力	XY – 1	0.814	0.907	
	XY – 2	0.781	0.908	
	XY – 3	0.707	0.912	
	XY – 4	0.562	0.915	

2. 评估者责任心量表和被评估者责任心量表的探索性因子分析

对评估者责任心量表的 15 个题项进行探索性因子分析，判断是否有其他的共同因子存在，进而检验量表的效度。KMO 值为 0.894，Bartlett's 球形检验的 x^2 值为 2380.328，显著性概率为 0.000，表明各题项之间有共同因子存在，量表适合进行因子分析。由分析结果（见表 4 – 19）发现，通过主成分分析共抽取了四个特征值大于 1 的共同因子，四个共同因子累计解释评估者责任心总变异量的 72.347%，大于 50%。各题项的因子载荷均大于 0.5，且不存在各因子之间题项的交叉，表明包含 4 个维度、15 个题项的评估者责任心量表无需再调整，已符合检验的各项标准。

表 4 – 19　　　　　　　　　　评估者责任心量表的探索性因子分析

测量题项	因子 1	因子 2	因子 3	因子 4
JZ – 1	0.778			
JZ – 2	0.769			
JZ – 3	0.732			
JZ – 4	0.733			
CX – 1		0.839		
CX – 2		0.800		
CX – 3		0.714		
CX – 4		0.788		

续表

测量题项	因子1	因子2	因子3	因子4
PG－1			0.836	
PG－2			0.897	
PG－3			0.792	
PG－4			0.794	
XY－1				0.677
XY－2				0.628
XY－3				0.568
特征值	4.747	2.523	2.311	1.271
解释方差的%	31.647	16.82	15.407	8.473
累计解释方差的%	31.647	48.647	63.874	72.347

对被评估者责任心量表的 15 个题项进行探索性因子分析、检验量表的效度。KMO 值为 0.835，Bartlett's 球形检验的 x^2 值为 531.371，显著性概率为 0.000，表明各题项之间有共同因子存在，量表适合进行因子分析。分析结果（见表 4－20）发现，通过主成分分析共抽取了四个特征值大于 1 的共同因子，四个因子累计解释被评估者责任心总变异量的 68.453%，大于 50%。各题项的因子载荷均大于 0.5，且不存在各因子之间测量题项的交叉，表明包含 4 个维度、15 个题项的被评估者责任心量表无需再调整，已符合检验的各项标准，可以直接在后续测量中使用。

表 4－20　　　　　　被评估者责任心量表的探索性因子分析

测量题项	因子1	因子2	因子3	因子4
ZX－1	0.674			
ZX－2	0.722			
ZX－3	0.789			
ZX－4	0.801			
XY－1		0.778		
XY－2		0.698		
XY－3		0.652		

续表

测量题项	因子1	因子2	因子3	因子4
XY-4		0.618		
CS-1			0.765	
CS-2			0.829	
CS-3			0.773	
CS-4			0.783	
HX-1				0.862
HX-2				0.814
HX-3				0.832
特征值	3.741	2.764	2.543	1.220
解释方差的%	24.94	18.427	16.953	8.133
累计解释方差的%	24.94	43.367	60.32	68.453

（四）绩效评估行为量表的信度分析和探索性因子分析

1. 绩效评估行为量表的 CITC 分析和信度检验

由表 4-21 可知，评估敬业行为量表中全部题项的 CITC 系数均大于 0.5，且删除任一题项后，量表总的 α 系数没有增加，由此保留初始量表的 9 个题项。量表的 α 系数大于 0.8，说明各题项之间具有较高的内部一致性，量表具有较好的信度。

表 4-21　　　　　　　　评估敬业行为量表的 CITC 和信度分析

变量	测量题项	CITC	删除该条款后的 α 系数	α 系数
活力	HL-1	0.679	0.912	
	HL-2	0.724	0.911	
	HL-3	0.747	0.893	
奉献	FX-1	0.716	0.914	$\alpha = 0.919$
	FX-2	0.728	0.911	
	FX-3	0.694	0.916	
专注	ZZ-1	0.750	0.893	
	ZZ-2	0.764	0.882	
	ZZ-3	0.733	0.909	

由表 4 – 22 可知，反馈寻求行为量表中全部题项的 CITC 系数均大于 0.5，且删除任一题项后，量表总的 α 系数没有增加，由此保留初始量表的 5 个题项。量表的 α 系数大于 0.8，说明各题项之间具有较高的内部一致性，量表具有较好的信度。

表 4 – 22　　　　　　　　反馈寻求行为量表的 CITC 和信度分析

测量题项	CITC	删除该条款后的 α 系数	α 系数
FK – 1	0.843	0.826	
FK – 2	0.777	0.847	
FK – 3	0.849	0.821	α = 0.866
FK – 4	0.736	0.864	
FK – 5	0.858	0.818	

2. 绩效评估行为量表的探索性因子分析

对信度检验后的评估敬业行为量表进行探索性因子分析，以检验量表的聚合效度。KMO 值为 0.941，Bartlett's 球形检验的 x^2 值为 3184.627，显著性概率为 0.000，表明各题项之间有共同因子存在，总量表适合进行因子分析。分析结果（见表 4 – 23）发现，通过主成分分析共抽取了三个特征值大于 1 的共同因子，三个因子累计解释敬业度总变异量的 81.078%，大于 50%。各题项的因子载荷均大于 0.5，且不存在各因子之间测量题项的交叉，表明包含 3 个维度共 9 项的评估敬业行为量表无需再调整，已符合检验的各项标准，可以在后续正式问卷调查中使用。

表 4 – 23　　　　　　　　评估敬业行为量表的探索性因子分析

测量题项	因子 1	因子 2	因子 3
HL – 1	0.818		
HL – 2	0.849		
HL – 3	0.863		
FX – 1		0.779	
FX – 2		0.852	
FX – 3		0.767	

续表

测量题项	因子1	因子2	因子3
ZZ – 1			0.769
ZZ – 2			0.784
ZZ – 3			0.751
特征值	3.218	2.172	1.907
解释方差的%	35.756	24.133	21.189
累计解释方差的%	35.756	59.889	81.078

对信度检验后的反馈寻求行为量表进行探索性因子分析，以验证该变量的单维结构，检验测量题项是否需要再修正。KMO 值为 0.820，Bartlett's 球形检验的 x^2 值为 340.009，显著性概率为 0.000，表明各题项之间有共同因子存在，总量表适合进行因子分析。分析结果（见表 4 – 24）发现，主成分分析只抽取了一个特征值大于1 的因子，单一因子解释了反馈寻求行为总变异量的 65.924%，大于 50%。各题项的因子载荷均大于 0.5，表明含有单一维度，5 个测量题项的反馈寻求行为量表无需再进行调整，已符合检验的各项标准，可以在正式调查中使用。

表 4 – 24   反馈寻求行为量表的探索性因子分析

测量题项	因子1
FK – 1	0.844
FK – 2	0.779
FK – 3	0.866
FK – 4	0.699
FK – 5	0.867
特征值	3.296
解释方差的%	65.924
累计解释方差的%	65.924

（五）绩效管理有效性量表的信度分析和探索性因子分析

1. 绩效管理有效性量表的 CITC 分析和信度检验
由表 4 – 25 可知，绩效管理有效性全部测量题项的 CITC 系数均大于 0.5，而

且从整体量表的 α 系数来看，不存在调整测量题项后 α 系数值显著提升的可能。保留原始量表的 9 个题项，量表整体的 α 系数大于 0.8，说明各题项之间的内部一致性较高，量表具有较好的信度。

表 4 – 25　　　　　　　绩效管理有效性量表的 CITC 分析和信度分析

测量题项	CITC	删除该条款后的 α 系数	α 系数
PS – 1	0.866	0.946	
PS – 2	0.860	0.946	
PS – 3	0.841	0.948	
PS – 4	0.860	0.947	
PS – 5	0.882	0.945	α = 0.952
PS – 6	0.871	0.946	
PS – 7	0.742	0.950	
PS – 8	0.875	0.945	
PS – 9	0.882	0.945	

2. 绩效管理有效性量表的探索性因子分析

对信度检验后的绩效管理有效性量表进行探索性因子分析，以验证该变量的单维结构，检验测量题项是否需要再修正。KMO 值为 0.903，Bartlett's 球形检验的 x^2 值为 458.789，显著性概率为 0.000，表明各题项之间有共同因子存在，总量表适合进行因子分析。分析结果（见表 4 – 26）发现，主成分分析只抽取了一个特征值大于 1 的因子，单一因子解释了绩效管理有效性总变异量的 75.248%，大于 50%。各题项的因子载荷均大于 0.5，表明含有单一维度，9 个测量题项的绩效管理有效性量表无需再进行调整，已符合检验的各项标准，可以在正式调查中使用。

表 4 – 26　　　　　　　绩效管理有效性量表的探索性因子分析

测量题项	因子 1
PS – 1	0.873
PS – 2	0.868
PS – 3	0.845

续表

测量题项	因子 1
PS – 4	0. 855
PS – 5	0. 878
PS – 6	0. 866
PS – 7	0. 832
PS – 8	0. 876
PS – 9	0. 879
特征值	6. 020
解释方差的%	75. 248
累计解释方差的%	75. 248

第四节　大样本选取与数据收集

一、样本选取

使用问卷调查法进行学术研究，样本数据的质量直接决定了研究的可行性以及结论的适用性，样本选取是问卷调查中极为重要的一个环节，主要包括三个部分：（1）地域的选取，鉴于社会资源、人力、物力和时间等客观条件的限制，考虑到问卷发放和回收的便利性，本书采用方便抽样法，选择相对熟悉的地区进行问卷调查，以保证调研的质量。为了提高样本的代表性，避免地域性文化差异的影响，选择辽宁、山东、北京、浙江、重庆、陕西六个地区作为预试范围，这六个地区的选择符合中国区域的划分，较大程度地反映了东北、华东、华中、东南、西南和西北的地域特点，具有较好的区域代表性。（2）被试企业类型的选取，鉴于企业特质对研究的影响，为保证研究的全面性，调研企业涉及制造业、零售业、服务业、金融业以及 IT 产业五大行业，并具有不同的员工规模，属于不同的所有制类型。（3）被试人员的选取，本书选取 55 家大中型企业中对绩效管理比较熟悉的基层员工以及这些员工的直接上级作为样本来源，在每家企业选择两个最大的部门进行问卷发放，并确保每个部门不少于 10

名员工的规模。

二、数据收集

根据巴特利特（Bartlett，2001）的建议，样本容量应该是测量条目总数的10倍，考虑到本研究问卷中的题项数量，以及不可避免的无效问卷，正式调研从2016年3月1日至2016年6月30日，共发放调查问卷1100份。正式调研采用现场问卷调查和电子邮件问卷调查的方式收集数据。在山东、浙江和重庆三个地区进行现场问卷调查，在企业人力资源部门的协助下，进行现场问卷的发放，并现场指导问卷的填写规则，这保证了较高的问卷回收率和答题质量。在辽宁、北京和陕西三个地区采用电子邮件的形式进行问卷发放。数据收集的具体流程包括以下几方面，第一，通过同学、朋友以及熟人的介绍确定被试企业。第二，联系企业联络人，确定被试部门、被试人员以及调查时间。第三，对全部问卷进行编码，根据从企业获得的人员花名册，为被试员工设定一个专有的代码，代码采用部门名称首字母简写＋员工序号的形式，如生产部门1号被试员工的代码就是SC－1。通过问卷编码将员工填写问卷与管理者填写问卷对应起来，以保证样本的质量。第四，开始问卷的发放与收集，其中，对于填写纸质问卷的企业，笔者亲自前往进行问卷的发放与收集；对于填写电子问卷的企业，笔者将调查问卷以及具体、规范的填写说明发送给可靠的朋友，请他帮忙负责整个调研，并多次提醒对样本质量的把控。

正式调研的主要目的是为了获得组织绩效管理文化、绩效管理问责制、评估者责任心、被评估者责任心、评估敬业行为、反馈寻求行为以及绩效管理有效性七个核心变量的测量数据。在调查中把部门员工界定为被评估者，使用问卷一，分别填写组织绩效管理文化、绩效管理问责制、评估者责任心、评估敬业行为以及绩效管理有效性量表；把部门员工的直接上级界定为评估者，使用问卷二，填写被评估者责任心和反馈寻求行为量表。正式调查共收回1047份问卷，问卷回收率为95.18%，根据剔除问卷的标准删除无效问卷，获得有效问卷921份，有效回收率为83.73%。六个研究变量的测量题项共计88项，有效问卷数量与题项数量的比例为10.47，满足大于10的标准，符合测量学的基本要求。此外，有效问卷中最终有效部门样本106个，平均部门人数为8.69人。

第五节 大样本的描述性统计分析

一、大样本个体特征的描述性统计

采用 SPSS19.0 统计软件对大样本有效问卷的数据进行描述性统计分析，被试个体的样本特征（见表4-27）显示：（1）性别分布情况，在921份有效问卷中，以男性为主，有547位，占有效样本量的59.4%；女性有374位，占有效样本量的40.6%。（2）年龄分布情况，以28岁及以下年龄的员工为主，有336位，占有效样本量的36.5%；29~33岁的员工有244位，占有效样本量的26.5%；34~39岁的员工有181位，占有效样本量的19.7%；40~45岁的员工有117位，占有效样本量的12.6%；46岁及以上的员工43位，占有效样本量的4.7%。（3）受教育程度分布情况，以本科学历的员工为主，有373位，占有效样本量的40.5%；专科及以下学历的员工有279位，占有效样本量的30.3%；硕士学位的员工有242位，占有效样本量的26.3%；博士学历的员工有27位，占有效样本量的2.9%。（4）职位级别分布情况，以普通员工为主，有584位，占有效样本量的63.4%；基层管理者有197位，占有效样本量的21.4%；中层管理者有109位，占有效样本量的11.8%；高层管理者有31位，占有效样本量的3.4%。（5）工作年限分布情况，以工作3~6年的员工为主，有325位，占有效样本量的35.3%；工作3年以下的员工有214位，占有效样本量的23.2%；工作7~10年的员工有194位，占有效样本量的21.1%；工作11~14年的员工有101位，占有效样本量的11.0%；工作14年以上的员工有87位，占有效样本量的9.4%。

表4-27　　　　大样本个体特征的描述性统计分析（N=921）

变量名称	编码	内容	频数	百分比（%）
性别	1	男	547	59.4
	2	女	374	40.6
年龄	1	28岁及以下	336	36.5
	2	29~33岁	244	26.5
	3	34~39岁	181	19.7

续表

变量名称	编码	内容	频数	百分比（%）
年龄	4	40～45 岁	117	12.6
	5	46 岁及以上	43	4.7
受教育程度	1	专科及以下	279	30.3
	2	本科	373	40.5
	3	硕士	242	26.3
	4	博士	27	2.9
职位级别	1	普通员工	584	63.4
	2	基层管理者	197	21.4
	3	中层管理者	109	11.8
	4	高层管理者	31	3.4
工作年限	1	3 年以下	214	23.2
	2	3～6 年	325	35.3
	3	7～10 年	194	21.1
	4	11～14 年	101	11.0
	5	14 年以上	87	9.4

二、大样本企业特征的描述性统计

从表4-28 被试企业的地区分布情况来看，以山东省的企业为主，有 12 家，占企业总数的 21.8%，共有 203 份员工样本，占有效样本量的 22.0%；浙江省有 10 家，占企业总数的 18.2%，共有 164 份员工样本，占有效样本量的 17.8%；重庆市有 11 家，占企业总数的 20%，共有 186 份员工样本，占有效样本量的 20.2%；陕西省有 6 家，占企业总数的 10.9%，共有 94 份员工样本，占有效样本量的 10.2%；北京市有 9 家，占企业总数的 16.4%，共有 159 份员工样本，占有效样本量的 17.3%；辽宁省有 7 家，占企业总数的 12.7%，共有 115 份员工样本，占有效样本量的 12.5%。

被试企业的样本特征显示（见表4-29）：（1）规模分布情况，以拥有 600～799 名员工的企业为主，共 17 家，占企业总量的 30.9%；拥有 199 人以下的企业有 5 家，占企业总量的 9.1%；拥有 200～399 名员工的企业有 9 家，占企业总量的 16.4%；拥有 400～599 名员工的企业有 16 家，占企业总量的 29.1%；拥有

800 人以上的企业有 8 家,占企业总量的 14.5%。(2)所有制类型分布情况,以民营企业为主,共有 28 家,占企业总量的 50.9%;国有企业有 23 家,占企业总量的 41.8%;外资企业有 4 家,占企业总量的 7.3%。(3)行业类型分布情况,以制造业为主,共有 14 家,占企业总量的 25.5%;服务业有 13 家,占企业总量的 23.6%;零售业有 13 家,占企业总量的 23.6%;金融业有 10 家,占企业总量的 18.2%;IT 产业有 5 家,占企业总量的 9.1%。

表 4-28 大样本的地区分布统计

地区	企业数量		样本数量	
	频数	百分比(%)	频数	百分比(%)
山东	12	21.8	203	22.0
浙江	10	18.2	164	17.8
重庆	11	20	186	20.2
陕西	6	10.9	94	10.2
北京	9	16.4	159	17.3
辽宁	7	12.7	115	12.5
合计	55	100	921	100

表 4-29 大样本企业特征的描述性统计分析

变量名称	编码	内容	频数	百分比(%)
规模	1	199 人以下	5	9.1
	2	200~399 人	9	16.4
	3	400~599 人	16	29.1
	4	600~799 人	17	30.9
	5	800 人以上	8	14.5
所有制类型	1	国有企业	23	41.8
	2	民营企业	28	50.9
	3	外资企业	4	7.3
行业类型	1	制造业	14	25.5
	2	服务业	13	23.6

续表

变量名称	编码	内容	频数	百分比（%）
	3	零售业	13	23.6
行业类型	4	金融业	10	18.2
	5	IT 产业	5	9.1

第六节 共同方法偏差检验

共同方法偏差是指在调查过程中由于相同的测量环境、相同的数据来源或评价者、题目语境以及题目自身特征等原因所引起的预测变量与效标变量之间人为操作的共变。这些共变作为一种系统误差，会严重混淆研究结果，也会潜在的误导研究结论。为了避免共同方法偏差，可以使用程序控制法，选择不同的测量来源、在不同的时间进行测量、匿名填写问卷、平衡测量条款的顺序效应等方式。然而，在实践操作过程中，由于各种条件的限制，避免共同方法偏差的很多方式、方法可能会难以实施，以至于无法从根本上消除偏差。因此，在假设检验之前需要检验测量中的共同方法偏差问题。文献中比较常用的是 Harman 单因子检验，就是对问卷中所有的测量题项进行探索性因子分析，如果只抽取了一个共同因子，或者其中某一个共同因子解释了超过 50% 的变异（Eby and Dobbins，1997），就可以断定测量数据存在严重的共同方法偏差。

为了避免共同方法偏差的影响，在调查过程中，将问卷分为两个部分，问卷一由员工填写，主要是评价组织绩效管理的文化和问责制、评估者责任心、评估敬业行为及绩效管理有效性；问卷二由员工的直接上级填写，主要是评价被评估者的责任心和反馈寻求行为。责任心、评估敬业行为及反馈寻求行为的问卷采用双方互评的方式，一方面保证了数据的质量，另一方面也保证了不同评价主体的来源，有利于减少共同方法偏差的影响。为了进一步检验研究中的共同方法偏差问题，本书对正式问卷中的 86 个测量题项一起进行了探索性因子分析。由表 4-30 可以看出，全部测量条款的探索性因子分析共抽取了 15 个特征值大于 1 的共同因子，15 个因子累计解释方差的 76.503%。单个因子最大解释方差的 22.683%，小于 50% 的标准，说明本研究不存在严重的共同方法偏差。

表 4 - 30　　　　　　　　全部测量题项的探索性因子分析

成分	初始特征值			提取平方和载入			旋转平方和载入		
	合计	方差的%	累积%	合计	方差的%	累积%	合计	方差的%	累积%
1	14. 157	22. 683	22. 683	14. 517	22. 683	22. 683	6. 807	10. 635	10. 635
2	6. 758	10. 559	33. 241	6. 758	10. 559	33. 241	5. 346	8. 352	18. 988
3	4. 104	6. 412	39. 653	4. 104	6. 412	39. 653	5. 032	7. 862	26. 850
4	3. 420	5. 343	44. 996	3. 420	5. 343	44. 996	4. 531	7. 079	33. 929
5	3. 002	4. 691	49. 688	3. 002	4. 691	49. 688	4. 042	6. 316	40. 245
6	2. 667	4. 168	53. 855	2. 667	4. 168	53. 855	3. 806	5. 947	46. 192
7	2. 304	3. 599	57. 455	2. 304	3. 599	57. 455	3. 094	4. 834	51. 026
8	2. 146	3. 354	60. 809	2. 146	3. 354	60. 809	2. 774	4. 335	55. 361
9	1. 817	2. 838	63. 647	1. 817	2. 838	63. 647	2. 586	4. 040	59. 401
10	1. 645	2. 571	66. 218	1. 645	2. 571	66. 218	2. 394	3. 740	63. 142
11	1. 544	2. 412	68. 630	1. 544	2. 412	68. 630	2. 047	3. 198	66. 340
12	1. 479	2. 311	70. 940	1. 479	2. 311	70. 940	1. 959	3. 061	69. 401
13	1. 272	1. 987	72. 927	1. 272	1. 987	72. 927	1. 769	2. 764	72. 164
14	1. 173	1. 833	74. 760	1. 173	1. 833	74. 760	1. 457	2. 276	74. 440
15	1. 115	1. 743	76. 503	1. 115	1. 743	76. 503	1. 320	2. 063	76. 503

第七节　本章小结

　　本章主要是关注获取定量分析所需的数据，为后续章节的实证检验做好准备。采用改编和直接沿用已有量表以及自行设计量表的形式，通过问卷调查获取研究数据。经过小样本预试修正和完善量表，保证了量表的有效性。选择国内 6 个地区 55 家大中型中资企业的人员作为被试，发放 1100 份问卷，有效回收率达到 83. 73%。通过严格把控调研过程，在数量和质量上保证了实证分析的数据需求。

第五章

绩效评估责任心对绩效管理
有效性的影响机制研究

本章基于正式问卷调查收集的有效数据实证分析绩效评估的双方责任心对绩效管理有效性的作用机制。

第 一 节 理 论 模 型 与 研 究 假 设

本书第三章构建了整体的跨层次理论模型，并在此基础上提出了全部的研究假设。整体模型中如果排除组织层面的研究变量，只考虑个体层面变量间的关系，就存在着绩效评估行为对绩效评估责任心与绩效管理有效性之间关系的中介作用。为了检验这一效应，构建了个体层面的中介效应模型，如图 5 - 1 所示。模型中对应的假设有：

H1a：评估者责任心正向影响绩效管理有效性；

H1b：被评估者责任心正向影响绩效管理有效性；

H2a：评估者责任心正向影响评估敬业行为；

H2b：被评估者责任心正向影响反馈寻求行为；

H3a：评估敬业行为正向影响绩效管理有效性；

H3b：反馈寻求行为正向影响绩效管理有效性；

H4a：评估敬业行为对评估者责任心与绩效管理有效性有中介作用；

H4b：反馈寻求行为对被评估者责任心与绩效管理有效性有中介作用；

H5a：评估者责任心与被评估者责任心的交互作用正向影响评估敬业行为；

H5b：评估者责任心与被评估者责任心的交互作用正向影响反馈寻求行为。

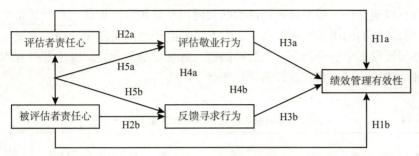

图 5 - 1　个体层面理论模型

第二节　测量的信度和效度检验

为了保证测量的质量，本节旨在通过信度分析和效度分析检验个体层变量正式问卷的信度和效度。首先，随机抽取一半（460 份）的有效样本数据，采用 SPSS19.0 统计软件，进行信度分析和探索性因子分析，以检验正式问卷的信度和结构效度；随后，再用剩余（461 份）有效问卷的数据，采用 Lisrel8.70 统计软件，进行验证性因子分析，以进一步检验正式测量中的项目信效度与构念信效度。本节对信度的检验主要通过 CITC 系数、Cronbach α 系数以及组合信度（CR）来反映；对效度的检验包括内容效度、建构效度、收敛效度和区分效度检验，主要通过专家效度审核、因子载荷、平均变异萃取量（AVE）来反映。

一、信度分析

从表 5 - 1 可知，评估者责任心、被评估者责任心、评估敬业行为、反馈寻求行为、绩效管理有效性 5 个量表中每个题项的 CITC 系数值均满足大于 0.5 的标准，每个量表的 Cronbach α 系数均超过 0.8，且在每一个量表中，删除任何一题项，整体量表的 Cronbach α 系数没有上升，说明个体层次变量的测量量表具有较高的内部一致性，每个量表都是可信的。

二、探索性因子分析

信度分析完成后，进行探索性因子分析，检验各量表的结构效度。表 5 - 1 结果显示，各量表的 KMO 值均大于 0.8，表明量表中各题项之间的关系良好，适合进行因素分析。每个量表所抽取的共同因子累积可以解释的总变异量均超过50%，而且题项的因子载荷均在 0.5 以上，各因子之间的测量题项没有交叉，表明个体层次量表中的全部题项无需再调整，各变量抽取的共同因子都符合本书提出的理论建构，量表具有较好的结构效度。

表5 - 1 个体层次变量量表的信度分析和探索性因子分析

变量	测量题项	CITC	删除该题项后总的 α 系数	α 系数	因子载荷	KMO	累计解释方差的%
评估者责任心	JZ - 1	0.792	0.962		0.800		
	JZ - 2	0.815	0.961		0.621		
	JZ - 3	0.789	0.962		0.756		
	JZ - 4	0.859	0.960		0.632		
	CX - 1	0.817	0.961		0.884		
	CX - 2	0.839	0.960		0.857		
	CX - 3	0.786	0.962		0.867		
	CX - 4	0.843	0.960	0.963	0.830	0.925	76.778
	PG - 1	0.867	0.960		0.751		
	PG - 2	0.862	0.960		0.757		
	PG - 3	0.846	0.960		0.777		
	PG - 4	0.829	0.960		0.797		
	XY - 1	0.803	0.961		0.669		
	XY - 2	0.824	0.961		0.869		
	XY - 3	0.811	0.961		0.880		
被评估者责任心	ZX - 1	0.661	0.925		0.653		
	ZX - 2	0.736	0.922		0.758		
	ZX - 3	0.755	0.922		0.727		
	ZX - 4	0.748	0.922	0.928	0.732	0.913	69.095
	XY - 1	0.774	0.921		0.740		
	XY - 2	0.747	0.922		0.766		
	XY - 3	0.726	0.923		0.558		

续表

变量	测量题项	CITC	删除该题项后总的 α 系数	α 系数	因子载荷	KMO	累计解释方差的%
被评估者责任心	XY-4	0.735	0.922	0.928	0.711	0.913	69.095
	CS-1	0.708	0.923		0.798		
	CS-2	0.733	0.922		0.679		
	CS-3	0.776	0.921		0.768		
	CS-4	0.666	0.925		0.760		
	HX-1	0.711	0.923		0.793		
	HX-2	0.663	0.925		0.790		
	HX-3	0.730	0.922		0.790		
评估敬业行为	HL-1	0.738	0.961	0.964	0.785	0.937	79.645
	HL-2	0.797	0.943		0.726		
	HL-3	0.771	0.947		0.744		
	FX-1	0.783	0.946		0.749		
	FX-2	0.744	0.955		0.763		
	FX-3	0.759	0.948		0.771		
	ZZ-1	0.762	0.948		0.747		
	ZZ-2	0.741	0.958		0.782		
	ZZ-3	0.773	0.947		0.753		
反馈寻求行为	FK-1	0.838	0.843	0.870	0.842	0.835	67.710
	FK-2	0.793	0.858		0.793		
	FK-3	0.857	0.836		0.876		
	FK-4	0.763	0.872		0.736		
	FK-5	0.874	0.830		0.882		
绩效管理有效性	PS-1	0.813	0.866	0.897	0.886	0.882	70.708
	PS-2	0.808	0.868		0.868		
	PS-3	0.761	0.871		0.819		
	PS-4	0.779	0.870		0.777		
	PS-5	0.826	0.864		0.818		

续表

变量	测量题项	CITC	删除该题项后总的 α 系数	α 系数	因子载荷	KMO	累计解释方差的%
绩效管理有效性	PS – 6	0.781	0.869	0.897	0.785	0.882	70.708
	PS – 7	0.721	0.875		0.743		
	PS – 8	0.716	0.878		0.753		
	PS – 9	0.719	0.876		0.654		

三、验证性因子分析

个体层次变量的测量量表中，评估敬业行为量表改编自国外的成熟量表，反馈寻求行为和绩效管理有效性量表直接沿用了国外量表。为保证翻译的准确性，采用回译的方法，得到了准确度良好的翻译量表。初始量表形成后请相关的学者专家对全部题项进行逐一检视，检查题项内容的适切性和词句描述的规范性以及题目分布的合理性。之后，根据专家意见进一步修改完善，形成了初始量表。专家效度审核保证了正式问卷具有较好的内容效度。为了进一步检验变量的维度结构是否适当，对剩余的有效问卷数据进行验证性因子分析，以检验测量量表的组合信度、收敛效度以及区分效度。

（一）测量模型拟合度评鉴指标及标准

验证性因子分析的理论文献对模型拟合度的评价有很多不同的指标和标准。通过文献的梳理和归纳，将所采用的模型拟合度评价指标及判断标准（邱浩正和林碧芳，2009）整理如表 5 – 2 所示，在结果报告中通过这些指标值的分析，具体阐述测量模型的拟合程度。

表 5 – 2 最佳适配度评价指标及其评价标准

指标名称	性质	取值范围	判断标准
x^2/df	模型间拟合度的比较	0 以上	<2（理想）；<5（可接受）
GFI	假设模型能够解释观察数据的程度	0~1	>0.90
AGFI	关注模型复杂度后的 GFI	0~1	>0.90
NFI	比较假设模型与独立模型的卡方差异	0~1	>0.90
CFI	假设模型与独立模型的非中央性差异	0~1	>0.95

指标名称	性质	取值范围	判断标准
IFI	调整样本量大小对 NFI 指数的影响	0 ~ 1	> 0.90
RMSEA	比较理论模型与饱和模型的差距	0 ~ 0.1	< 0.05（良好）；< 0.08（可接受）
RMR	未标准化的假设模型整体残差	0 ~ 1	< 0.05（良好）；< 0.08（可接受）

（二）评估者责任心量表的验证性因子分析

（1）测量模型拟合情况。由表 5 – 3 可知，评估者责任心是一个二阶因子结构，包含四个维度。从各项拟合指标来看，$x^2/df = 2.50$，GFI = 0.95，AGFI = 0.90，NFI = 0.92，CFI = 0.97，IFI = 0.97，RMSEA = 0.057，RMR = 0.041，指标值均达到了研究的判别标准，表明评估者责任心结构模型的拟合度较为理想，模型具有较好的建构效度。

表 5 – 3　　　　　　　　评估者责任心量表的验证性因子分析

变量	测量题项	标准化因子载荷	标准误差	组合信度	AVE
评估者责任心	尽职尽责	0.78	0.39	0.844	0.583
	诚信可靠	0.75	0.43		
	评估技能	0.56	0.66		
	响应能力	0.92	0.12		
尽职尽责	JZ – 1	0.81	0.34	0.898	0.688
	JZ – 3	0.90	0.19		
	JZ – 4	0.85	0.28		
	JZ – 6	0.75	0.43		
诚信可靠	CX – 1	0.62	0.61	0.862	0.614
	CX – 2	0.90	0.19		
	CX – 3	0.87	0.24		
	CX – 4	0.71	0.50		
评估技能	PG – 1	0.55	0.68	0.884	0.665
	PG – 2	0.86	0.25		
	PG – 3	0.98	0.05		
	PG – 4	0.81	0.35		

续表

变量	测量题项	标准化因子载荷	标准误差	组合信度	AVE
响应能力	XY - 1	0.89	0.21	0.659	0.852
	XY - 2	0.77	0.41		
	XY - 3	0.77	0.41		

拟合优度指标值：$x^2/df = 2.50$，GFI = 0.95，AGFI = 0.90，NFI = 0.92，CFI = 0.97，IFI = 0.97，RMSEA = 0.057，RMR = 0.041

（2）组合信度。各维度的组合信度均满足大于 0.6 的判别标准，表明各维度的内在拟合良好。量表总的 CR 为 0.844，大于 0.6，表明量表中各题项之间具有较高的内部一致性，量表具有较好的信度，可以进行稳定测量。

（3）收敛效度。测量题项的标准化因子载荷分布在 0.55 ~ 0.98 之间，虽然有几项没有达到 0.71 的理想水平，但均满足大于 0.55 的标准，说明测量题项的适切性较高，正式问卷的测量质量较好。此外，各维度以及量表总的 AVE 值均满足大于 0.5 的判别要求。标准化因子载荷与 AVE 值共同证实了量表具有良好的收敛效度。

（4）区分效度。根据福内尔和拉克尔（Fornell & Larker，1981）的建议，本书采用 AVE 比较法，通过检验各潜在变量 AVE 的平方根值是否大于两个潜在变量之间的相关系数值，来检验测量量表的区分效度。表 5 - 4 显示了各维度之间的相关系数，由此可知，各维度与其他维度的相关系数值均小于该维度 AVE 的平方根值，表明评估者责任心的各个维度能够有效分离，开发量表的区分效度尚好。

表 5 - 4　　　　　　　　评估者责任心的区分效度检验

变量	平均值	标准差	1	2	3	4
尽职尽责	4.146	0.576	(0.829)			
诚实可靠	3.988	0.542	0.629 **	(0.801)		
评估技能	3.669	0.669	0.341 **	0.553 **	(0.815)	
响应能力	3.886	0.636	0.619 **	0.602 **	0.480 **	(0.923)

注：** 表示在 1% 水平上显著；括号内的值为 AVE 的平方根。

（三）被评估者责任心量表的验证性因子分析

（1）测量模型拟合情况。由表 5 - 5 可知，被评估者责任心是一个二阶因子结构，包含四个维度。从各项拟合指标来看，$x^2/df = 2.03$，GFI = 0.93，AGFI = 0.91，NFI = 0.92，CFI = 0.96，IFI = 0.96，RMSEA = 0.042，RMR = 0.045，指标值均达到了研究的判别标准，表明被评估者责任心结构模型的拟合度较为理想，模型具有较好的建构效度。

表 5 - 5　　　　　　　　被评估者责任心量表的验证性因子分析

变量	测量题项	标准化因子载荷	标准误差	组合信度	AVE
被评估者责任心	诚实守责	0.84	0.28	0.932	0.774
	自省上进	0.91	0.18		
	响应能力	0.96	0.05		
	互信互赖	0.80	0.36		
诚实守责	CS - 1	0.79	0.38	0.875	0.641
	CS - 2	0.88	0.23		
	CS - 3	0.89	0.21		
	CS - 4	0.61	0.62		
自省上进	ZX - 1	0.74	0.46	0.904	0.702
	ZX - 2	0.86	0.26		
	ZX - 3	0.93	0.14		
	ZX - 4	0.81	0.34		
响应能力	XY - 1	0.89	0.20	0.906	0.708
	XY - 2	0.86	0.26		
	XY - 3	0.77	0.40		
	XY - 4	0.84	0.28		
互信互赖	HX - 1	0.81	0.34	0.893	0.735
	HX - 2	0.90	0.19		
	HX - 3	0.86	0.25		

拟合优度指标值：$x^2/df = 2.03$，GFI = 0.93，AGFI = 0.91，NFI = 0.92，CFI = 0.96，IFI = 0.96，RMSEA = 0.042，RMR = 0.045

（2）组合信度。各维度的组合信度均满足大于 0.6 的判别标准，表明各维度的内在拟合良好。量表总的 CR 为 0.932，大于 0.6，表明测量题项之间具有较高的内部一致性，量表具有较好的信度，可以进行稳定的测量。

（3）收敛效度。测量题项的标准化因子载荷分布在 0.61~0.93 之间，只有一项没有达到 0.71 的理想水平，但满足了大于 0.55 的标准，说明测量题项的适切性较高，正式问卷的测量质量较好。此外，各维度以及量表总的 AVE 值均满足大于 0.5 的判别要求。标准化因子载荷与 AVE 值共同证实了量表具有良好的收敛效度。

（4）区分效度。表 5-6 显示了各维度之间的相关系数，可见，各维度与其他维度的相关系数值均小于该维度 AVE 的平方根值，表明被评估者责任心的各个维度能够有效分离，开发量表的区分效度尚好。

表 5-6　　　　　　　　　　　被评估者责任心的区分效度检验

变量	平均值	标准差	1	2	3	4
诚实守责	3.978	0.529	(0.801)			
自省上进	4.245	0.554	0.587 **	(0.838)		
响应能力	4.182	0.538	0.550 **	0.649 **	(0.841)	
互信互赖	4.110	0.604	0.655 **	0.596 **	0.706 **	(0.857)

注：** 表示在 1% 水平上显著；括号内的值为 AVE 的平方根。

（四）评估敬业行为量表的验证性因子分析

（1）测量模型拟合情况。由表 5-7 可知，评估敬业行为是一个二阶因子结构，包含三个维度。从各项拟合指标来看，$x^2/df = 1.69$，GFI = 0.95，AGFI = 0.92，NFI = 0.94，CFI = 0.98，IFI = 0.98，RMSEA = 0.027，RMR = 0.031，指标值均达到了研究的判别标准，表明评估敬业行为结构模型的拟合度较为理想，模型具有较好的建构效度。

表 5-7　　　　　　　　　　　评估敬业行为的验证性因子分析

变量	测量题项	标准化因子载荷	标准误差	组合信度	AVE
评估敬业行为	活力	0.85	0.28	0.911	0.775
	奉献	0.91	0.18		
	专注	0.88	0.20		

续表

变量	测量题项	标准化因子载荷	标准误差	组合信度	AVE
活力	HZ–1	0.87	0.22	0.892	0.735
	HZ–2	0.82	0.30		
	HZ–3	0.88	0.21		
奉献	FX–1	0.93	0.16	0.935	0.828
	FX–2	0.91	0.18		
	FX–3	0.89	0.20		
专注	ZZ–1	0.89	0.20	0.912	0.775
	ZZ–2	0.89	0.20		
	ZZ–3	0.86	0.24		

拟合优度指标值：$x^2/df = 1.69$，GFI = 0.95，AGFI = 0.92，NFI = 0.94，CFI = 0.98，IFI = 0.98，RMSEA = 0.027，RMR = 0.031

（2）组合信度。各维度的组合信度均满足大于 0.6 的判别标准，表明各维度的内在拟合良好。量表总的 CR 为 0.911，大于 0.6，表明测量题项之间具有较高的内部一致性，量表具有较好的信度，可以进行稳定的测量。

（3）收敛效度。测量题项的标准化因子载荷分布在 0.82～0.93 之间，均达到 0.71 的理想水平，说明题项的适切性较高，正式问卷的测量质量良好。此外，各维度以及量表总的 AVE 值均满足大于 0.5 的判别要求。标准化因子载荷与 AVE 值共同证实了量表具有良好的收敛效度。

（4）区分效度。表 5–8 显示了各维度之间的相关系数，可见，各维度与其他维度的相关系数值均小于该维度 AVE 的平方根值，表明评估敬业行为的各个维度能够有效分离，测量量表具有较好的区分效度。

表 5–8　　　　　　　　　　评估敬业行为的区分效度检验

变量	平均值	标准差	1	2	3
活力	3.821	0.612	(0.857)		
奉献	4.443	0.565	0.414 **	(0.910)	
专注	4.237	0.584	0.285 **	0.364	(0.880)

注：** 表示在 1% 水平上显著；括号内的值为 AVE 的平方根。

（五）反馈寻求行为量表的验证性因子分析

（1）测量模型拟合情况。由表 5 - 9 可知，反馈寻求行为是一个一阶因子结构。从各项拟合指标来看，$x^2/df = 2.604$，GFI = 0.92，AGFI = 0.90，NFI = 0.95，CFI = 0.96，IFI = 0.96，RMSEA = 0.058，RMR = 0.025，指标值均达到了研究的判别标准，表明反馈寻求行为结构模型的拟合度较为理想，模型具有较好的建构效度。

（2）组合信度。量表的组合信度 CR 值为 0.923 大于 0.6 的判别标准，表明测量题项之间具有较高的内部一致性，量表具有较好的信度。

（3）收敛效度。测量题项的标准化因子载荷分布在 0.74 ~ 0.91 之间，均达到 0.71 的理想水平，说明题项的适切性较高，正式问卷的测量质量良好。此外，量表的 AVE 值满足大于 0.5 的判别要求。标准化因子载荷与 AVE 值共同证实了量表具有良好的收敛效度。

表 5 - 9　　　　　　　　　　反馈寻求行为的验证性因子分析

变量	测量题项	标准化因子载荷	标准误差	组合信度	AVE
反馈寻求行为	FK - 1	0.84	0.30	0.923	0.706
	FK - 2	0.80	0.40		
	FK - 3	0.91	0.17		
	FK - 4	0.74	0.47		
	FK - 5	0.90	0.18		

拟合优度指标值：$x^2/df = 2.604$，GFI = 0.92，AGFI = 0.90，NFI = 0.95，CFI = 0.96，IFI = 0.96，RMSEA = 0.058，RMR = 0.025

（六）绩效管理有效性量表的验证性因子分析

（1）测量模型拟合情况。从表 5 - 10 可以看出，绩效管理有效性是一个一阶因子，是单维构念。从各项拟合指标来看，$x^2/df = 1.545$，GFI = 0.98，AGFI = 0.96，NFI = 0.97，CFI = 0.99，IFI = 0.99，RMSEA = 0.036，RMR = 0.028，指标值均满足了研究的判别标准，表明绩效管理有效性结构模型的拟合度较为理想，模型具有较好的建构效度。

表 5 – 10　　　　　　　绩效管理有效性的验证性因子分析

变量	测量题项	标准化因子载荷	标准误差	组合信度	AVE
绩效管理有效性	PS – 1	0.92	0.15	0.939	0.637
	PS – 2	0.92	0.14		
	PS – 3	0.88	0.23		
	PS – 4	0.76	0.42		
	PS – 5	0.84	0.29		
	PS – 6	0.80	0.36		
	PS – 7	0.56	0.67		
	PS – 8	0.67	0.56		
	PS – 9	0.76	0.42		

拟合优度指标值：$x^2/df = 1.545$，GFI = 0.98，AGFI = 0.96，NFI = 0.97，CFI = 0.99，IFI = 0.99，RMSEA = 0.036，RMR = 0.028

（2）组合信度。量表的 CR 为 0.939，大于 0.6，表明测量题项之间具有较高的内部一致性，该量表具有较好的信度，可以进行稳定的测量。

（3）收敛效度。量表中测量题项的标准化因子载荷分布在 0.56 ~ 0.92 之间，尽管有两项没有达到 0.71 的理想水平，但也超过了 0.55 的要求，说明测量题项的适切性较高，正式问卷的测量质量较好。此外，量表的 AVE 值满足大于 0.5 的判别要求。标准化因子载荷与 AVE 值共同证实了量表具有良好的收敛效度。

四、整体模型的区分效度检验

表 5 – 11 显示了个体层面中介模型中各变量之间的相关系数，各变量与其他变量的相关系数值均小于该变量 AVE 的平方根值，说明整体模型中的各个研究变量能够有效分离，结构模型存在较好的区分效度。

第 三 节　研 究 结 果

一、描述性统计分析

表 5 – 11 给出了个体层次研究变量和控制变量的均值、标准差与相关系数。

表5-11   变量的描述性统计结果

变量	均值	标准差	1	2	3	4	5	6	7	8	9	10
1. 性别	1.533	0.500										
2. 年龄	2.044	0.712	-0.004									
3. 受教育程度	2.791	0.679	0.040	-0.129								
4. 职位级别	1.173	0.454	-0.075	0.224**	0.002							
5. 工作年限	3.240	1.241	-0.035	0.695**	-0.226*	0.155*						
6. RRR	3.943	0.503	-0.020	0.147*	-0.064	0.088	0.198**	(0.764)				
7. RER	4.106	0.429	0.040	0.079	0.043	0.040	0.109	0.699**	(0.880)			
8. REB	3.612	0.735	0.043	0.114	0.132	0.146	0.121	0.646**	0.334**	(0.880)		
9. FSB	3.839	0.466	0.038	0.061	0.017	0.078	0.053	0.361**	0.520**	0.312**	(0.884)	
10. PME	3.646	0.701	0.005	0.048	-0.084	0.144*	-0.013	0.553**	0.438**	0.471**	0.444**	(0.798)

注：评估者责任心（Raters Responsibility，RRR）；被评估者责任心（Ratees Responsibility，RER）；评估敬业行为（Raters Engagement Behavior，REB）；反馈寻求行为（Feedback Seeking Behavior，FSB）；绩效管理有效性（Performance Management Effectiveness，PME）；**，*分别表示1%、5%的水平上显著；括号内的值为AVE平方根。

结果表明，绩效管理有效性与职位级别（r = 0.144，P < 0.05）、评估者责任心（r = 0.553，P < 0.01）、被评估者责任心（r = 0.438，P < 0.01）、评估敬业行为（r = 0.471，P < 0.01）、反馈寻求行为（r = 0.444，P < 0.01）显著正相关。

二、绩效评估责任心对绩效管理有效性的影响效应检验

为了避免多重共线性问题，在对自变量进行了以组平均为基准的中心化处理后，利用多元线性回归分析检验研究假设，结果如表 5 – 12 所示。

表 5 – 12　　　　　　　　　　　个体层次变量间的回归分析

变量	M1		M3		M2a		M2b	
	β	t 值	β	T 值	β	t 值	β	t 值
自变量								
RRR	0.553	6.803 ***	0.301	4.252 ***	0.646	8.112 ***		
RER	0.438	4.994 ***	0.335	3.869 ***			0.520	6.974 ***
REB			0.234	2.013 *				
FSB			0.203	1.892 *				
交互项								
RRR * RER					0.246	2.174 *	0.281	2.830 *

注：评估者责任心（Raters Responsibility，RRR）；被评估者责任心（Ratees Responsibility，RER）；评估敬业行为（Raters Engagement Behavior，REB）；反馈寻求行为（Feedback Seeking Behavior，FSB）；绩效管理有效性（Performance Management Effectiveness，PME）；*** 、* 分别表示1‰、5%的水平上显著。

（一）绩效评估责任心的直接效应

首先，分别将评估者责任心和被评估者责任心作为自变量，绩效管理有效性作为因变量建立回归模型 M1。表 5 – 12 中，M1 的结果表明，评估者责任心、被评估者责任心均与绩效管理有效性在 0.001 水平上显著相关（β = 0.533，P < 0.001；β = 0.438，P < 0.001），假设 1a 和 1b 得到验证。其次，以评估者责任心作为自变量，评估敬业行为作为因变量建立回归模型 M2a；以被评估者责任心作为自变量，反馈寻求行为作为因变量建立回归模型 M2b，分别检验评估者责任心对评估敬业行为、被评估者责任心对反馈寻求行为的直接效应，表 5 – 12 中，M2a 和 M2b 的结果表明，两组关系均在 0.001 水平上显著相关（β = 0.646，P <

0.001；β = 0.520，P < 0.001），假设 2a 和假设 2b 获得支持。

（二）绩效评估行为的中介效应

分别以评估者责任心和评估敬业行为、被评估者责任心和反馈寻求行为作为自变量，绩效管理有效性作为因变量建立回归模型 M3，分别检验评估双方行为在责任心与绩效管理有效性之间的中介效应，表 5 – 12 中，M3a 的结果显示，当在评估者责任心与绩效管理有效性的回归模型中引入中介变量评估敬业行为后，评估敬业行为对绩效管理有效性有显著正向影响作用（β = 0.234，P < 0.05），且评估者责任心对绩效管理有效性的作用显著变小（β = 0.553→β = 0.301，P < 0.001），表明评估敬业行为在评估者责任心与绩效管理有效性之间具有部分中介作用。M3b 的结果显示，当在被评估者责任心与绩效管理有效性的回归模型中引入中介变量反馈寻求行为后，反馈寻求行为正向显著影响绩效管理有效性（β = 0.203，P < 0.05），且被评估者责任心对绩效管理有效性的作用显著变小（β = 0.438→β = 0.335，P < 0.001），表明反馈寻求行为在被评估者责任心与绩效管理有效性之间的关系中起到部分中介效应，假设 3a 和 3b、假设 4a 和 4b 均得到支持。

（三）绩效评估双方责任心的交互作用

以评估者责任心和被评估者责任心的交互项作为自变量，分别以评估敬业行为和反馈寻求行为作为因变量构建回归模型，检验评估双方责任心对评估双方行为的交互作用。表 5 – 12 中交互项的作用结果显示，评估者责任心与被评估者责任心的交互作用显著影响评估敬业行为（β = 0.246，P < 0.05）和反馈寻求行为（β = 0.281，P < 0.05），假设 5a 和 5b 得到支持。

第四节 本 章 小 结

本章对绩效评估责任心对绩效管理有效性的影响机制进行了实证分析，以检验在理论分析基础上得到的概念模型。通过运用 SPSS19.0 统计软件，对回收的有效问卷进行了样本的信度和效度检验、描述性统计分析、Pearson 相关分析和多元回归分析，结果显示样本具有较好的信度和效度；评估者责任心（被评估者责任心）显著正向影响绩效管理有效性，评估敬业行为（反馈寻求行为）在二者关系中起到部分中介作用。

第六章

绩效管理问责制对绩效管理
有效性的影响机制研究

　　本章基于正式问卷调查收集的有效数据实证分析绩效管理问责制对绩效管理有效性的作用机制，以及绩效评估责任心的中介效应。

第一节　理论模型与研究假设

　　整体模型中同时考虑组织层面和个体层面的研究变量，存在着绩效管理问责制与绩效管理有效性之间关系的跨层次理论模型，且绩效评估责任心在这一模型中起到中介作用。为了检验变量之间的关系，构建跨层次中介效果个体层次中介变量模型，如图 6 - 1 所示，这一模型包含的假设有：

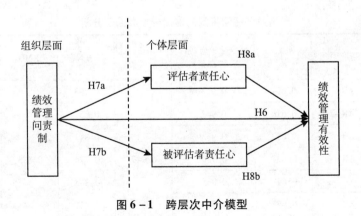

图 6 - 1　跨层次中介模型

H6：绩效管理问责制正向影响绩效管理有效性；

H7a：绩效管理问责制正向影响评估者责任心；

H7b：绩效管理问责制正向影响被评估者责任心；

H8a：评估者责任心对绩效管理问责制与绩效管理有效性有中介作用；

H8b：被评估者责任心对绩效管理问责制与绩效管理有效性有中介作用。

第二节　测量的信度和效度检验

绩效管理问责制量表是在概念界定的基础上，基于企业员工的真实感知，依照访谈的项目生成程序，从访谈资料中归纳和提炼了测量题项。虽然经过回访和专家咨询，多次净化并修正了初始量表，进行了小样本预试，为了检验量表的有效性，在开始假设检验之前，先对量表进行信度和效度检验。

一、信度分析和探索性因子分析

表6-1提供了量表的信度和因子分析结果。可以看出，所有题项的CITC系数均满足大于0.5的标准，Cronbach α系数大于0.8，且删除任意题项后Cronbach α系数没有增加，表明量表具有较高的内部一致性。KMO值大于0.8，表明各题项之间的关系良好，适合进行因子分析，采用最大方差法旋转萃取后的因子结构与初始量表的结构相一致，量表具有较好的结构效度。

表6-1　　　　　　　绩效管理问责制的信度分析和因子分析

变量	测量题项	CITC	删除该题项后的 α 系数	Cronbach α 系数	因子载荷	KMO	累计解释方差的%
绩效管理问责制	AR-1	0.694	0.923	0.947	0.793	0.895	69.258
	AR-2	0.616	0.947		0.837		
	AR-3	0.653	0.933		0.811		
	AR-4	0.637	0.939		0.774		
	XC-1	0.648	0.935		0.863		
	XC-2	0.667	0.930		0.821		
	XC-3	0.683	0.925		0.884		

续表

变量	测量题项	CITC	删除该题项 后的 α 系数	Cronbach α 系数	因子载荷	KMO	累计解释 方差的%
绩效管 理问 责制	XC - 4	0.652	0.933		0.857		
	AJ - 1	0.717	0.921		0.833		
	AJ - 2	0.663	0.930		0.795		
	AJ - 3	0.628	0.941	0.947	0.826	0.895	69.258
	JC - 1	0.691	0.923		0.807		
	JC - 2	0.615	0.947		0.874		
	JC - 3	0.678	0.928		0.811		

二、验证性因子分析

（1）测量模型拟合情况。由表 6 - 2 可知，绩效管理问责制是一个二阶因子结构包含四个维度。从各项拟合指标来看，$x^2/df = 2.47$，GFI = 0.93，AGFI = 0.90，NFI = 0.92，CFI = 0.96，IFI = 0.96，RMSEA = 0.071，RMR = 0.035，指标值均达到了研究的判别标准，表明绩效管理问责制结构模型的拟合度较为理想，模型具有较好的结构效度。

表 6 - 2　　　　　　　　组织绩效管理问责制量表的验证性因子分析

变量	测量题项	标准化因子载荷	标准误差	组合信度	AVE
绩效管理 问责制	责任范围	0.75	0.53		
	响应程度	0.77	0.51	0.874	0.613
	责任监督与控制	0.74	0.55		
	奖惩激励机制	0.86	0.31		
责任范围	AR - 1	0.72	0.47		
	AR - 2	0.75	0.44	0.841	0.586
	AR - 3	0.69	0.51		
	AR - 4	0.67	0.53		

续表

变量	测量题项	标准化因子载荷	标准误差	组合信度	AVE
响应程度	XC-1	0.79	0.40	0.813	0.537
	XC-2	0.76	0.43		
	XC-3	0.69	0.50		
	XC-4	0.63	0.58		
责任监督与控制	AJ-1	0.77	0.42	0.825	0.564
	AJ-2	0.73	0.45		
	AJ-3	0.68	0.52		
奖惩激励机制	JC-1	0.84	0.35	0.917	0.636
	JC-2	0.82	0.38		
	JC-3	0.79	0.40		

拟合优度指标值：$x^2/df = 2.47$，GFI = 0.93，AGFI = 0.90，NFI = 0.92，CFI = 0.96，IFI = 0.96，RMSEA = 0.071，RMR = 0.035

（2）组合信度。各维度的组合信度均满足大于 0.6 的判别标准，表明各维度的内在拟合良好。量表总的 CR 为 0.874，大于 0.6，表明量表中各题项之间具有较高的内部一致性，量表具有较好的信度，可以进行稳定测量。

（3）收敛效度。量表中各题项的标准化因子载荷分布在 0.63~0.84，虽然有几项没有达到 0.71 的理想水平，但均满足了大于 0.55 的标准（Tabachnica and Fidell，2007），表明测量题项的适切性较高，正式问卷的测量质量较好。此外，各维度以及量表总的 AVE 值均满足大于 0.5 的判别要求。标准化因子载荷与 AVE 值共同证实了量表具有良好的收敛效度。

（4）区分效度。表6-3显示了各维度之间的相关系数，可见，各维度与其他维度的相关系数值均小于该维度 AVE 的平方根值，说明绩效管理问责制的各个维度能够有效分离，测量量表具有较好的区分效度。

表6-3　　　　　　　　绩效管理问责制的区分效度检验

变量	平均值	标准差	1	2	3	4
责任范围	3.830	0.443	(0.766)			
响应程度	3.640	0.499	0.220*	(0.733)		

续表

变量	平均值	标准差	1	2	3	4
责任监督与控制	3.520	0.667	0.382*	0.433*	(0.751)	
奖励激励机制	3.813	0.501	0.414*	0.535**	0.504**	(0.797)

注：**、*表示在1%、5%水平上显著；括号内的值为AVE的平方根。

三、整体模型的区分效度检验

表6-4显示了跨层次模型中各变量之间的相关系数，各变量与其他变量的相关系数值均小于该变量AVE的平方根值，说明整体模型中的各个研究变量能够有效分离，跨层次结构模型具有较好的区分效度。

表6-4　　　　　　　　　　整体模型的区分效度检验

变量	平均值	标准差	1	2	3	4
PMA	3.465	0.373	(0.783)			
RRR	3.943	0.503	0.687**	(0.764)		
RER	4.106	0.429	0.472**	0.699**	(0.880)	
PME	3.646	0.701	0.490**	0.553**	0.438**	(0.798)

注：绩效管理问责制（Performance Management Accountability, PMA）；评估者责任心（Raters Responsibility, RRR）；被评估者责任心（Ratees Responsibility, RER）；绩效管理有效性（Performance Management Effectiveness, PME）；**表示1%的水平上显著；括号内的值为AVE平方根。

第三节　研究结果

一、聚合检验

本研究中，绩效管理问责制变量是组织层次变量，我们采用数据聚合的方式获取组织层次的数据。在将个体的回答聚合到组织层次之前，需要检验数据聚合的可行性。验证聚合可行性的指标有很多，本书选择在多层次研究中最为常用的三个指标进行说明。第一步，借由詹姆斯（James, 1984）开发的公式计算 R_{wg}

值，以检验两个组织层次的变量是否具有高度的组内一致性，即同一测量单位内的个体对构念有相同反应的程度（Kozlowski & Hattrup，1992）。R_{wg}值大于 0.7时，表示聚合具有足够的同意度。第二步，检测两个变量的个体层数据是否具有足够的组间差异。通过公式 ICC（1）= 组间方差/（组间方差 + 组内方差），计算ICC（1）的值。以检验不同测量单位彼此之间对构念的反应是否存在较大的组间差异。当组间方差显著，ICC（1）值大于 0.12 时（James，1982），就可以认为变量达到了聚合的标准。最后，计算组织平均数的信度 ICC（2），即将个体层变量聚合到组织层时此变量的信度。ICC（2）= K（ICC（1））/[1 +（K − 1）ICC（1）]，对于 ICC（2）的判别标准，一般认为最好要达到 0.70，在 0.70 ~ 0.85的范围内都是允许的。但也有部分学者认为，即使有相对较低的 ICC（2），如果R_{wg}的值很高，而且具有显著的组间方差，聚合也是可行的（Chen & Bliese，2002）。

聚合检验的结果显示，绩效管理问责制 R_{wg} 的中值（0.89）和均值（0.83）均满足大于 0.70 的标准，表明测量数据具有良好的组内一致性；ICC（1）的值为 0.18 大于 0.12，且 F 值为 14.140，达到显著性水平，表明测量数据具有显著的组间差异；ICC（2）的值为 0.89，也满足了大于 0.70 的标准。这说明绩效管理问责制的数据聚合是可行的，在后续假设检验中可以使用同一测量单位内个体评价得分的平均数表示该变量在组织层面上的数据。

二、描述性统计分析

表 6 − 5 给出了个体层次变量、组织层次变量和控制变量的均值、标准差和相关系数。结果显示绩效管理有效性与评估者责任心（r = 0.553，p < 0.01）、被评估者责任心（r = 0.438，p < 0.01）显著正相关。

表 6 − 5　　　　　　　　　　　变量的描述性统计结果

变量	均值	标准差	1	2	3	4	5	6	7
组织层面									
1. 企业规模	2.498	1.527							
2. 所有制类型	1.511	0.501	0.573 *						
3. 行业类型	2.084	1.153	0.324 *	0.148					
4. PMA	3.465	0.373	0.344 **	0.297	0.171				

续表

变量	均值	标准差	1	2	3	4	5	6	7
个体层面									
1. 性别	1.533	0.500							
2. 年龄	2.044	0.712	-0.004						
3. 受教育程度	2.791	0.679	0.040	-0.129					
4. 职位级别	1.173	0.454	-0.075	0.224 **	0.002				
5. 工作年限	3.240	1.241	-0.035	0.695 **	-0.226 *	0.155 *			
6. RRR	3.943	0.503	-0.020	0.147 *	-0.064	0.088	0.198 **		
7. RER	4.106	0.429	0.040	0.079	0.043	0.040	0.109	0.699 **	
8. PME	3.646	0.701	0.005	0.048	-0.084	0.144 *	-0.013	0.553 **	0.438 **

注：绩效管理问责制（Performance Management Accountability, PMA）；评估者责任心（Raters Responsibility, RRR）；被评估者责任心（Ratees Responsibility, RER）；绩效管理有效性（Performance Management Effectiveness, PME）；**、*分别表示1%、5%的水平上显著。

三、绩效管理问责制对绩效管理有效性的影响效应检验

绩效管理问责制是组织层面的变量，聚合检验验证了数据聚合的可行性，因此，在数据分析中我们使用源自个体数据的均值表示组织层面的绩效管理问责制水平。HLM中存在各个层级的自变量，可能会产生严重的共线性问题。因此，本研究对第一层的自变量按照组平均为基准的中心化处理，以减少自变量之间的共线性问题，同时，将组别平均数加入到第二层中，以分离组间和组内的中介效应，保证研究结果的准确性。

采用HLM6.08分析软件，零模型M1的检验结果为 $\tau_{00} = 0.077$，且组间方差显著（$x^2(24) = 61.367$，$P < 0.001$）。$\sigma^2 = 0.358$，故ICC（1）=0.177>0.138，根据科恩（Cohen）的判断标准，说明因变量绩效管理有效性的测量数据具有显著的组间方差，可以采用多层次模型进行分析。跨层次的检验结果如表6-6所示，由于控制变量并不是本研究的重点，且在描述性统计分析以及各项研究假设的验证中，全部控制变量均未达到显著水平，故在假设检验的各个结果列表中我们没有报告控制变量的检验结果。具体的跨层次检验步骤如下所述。

表 6-6 绩效管理问责制对绩效管理有效性影响效应的检验结果

变量	模型 1	模型 2	模型 3a	模型 3b	模型 4a	模型 4b
截距项（γ_{00}）	3.734***	3.732***	3.921***	4.125***	3.732**	3.732**
Level-1 预测因子						
γ_{10}					0.632**	0.510**
Level-2 预测因子						
γ_{01}		0.305**	0.341**	0.349**	0.179	0.147
γ_{02}					0.383*	0.597*
方差						
σ^2	0.358	0.358	0.212	0.192	0.275	0.310
τ_{00}	0.077***	0.076***	0.023**	0.027***	0.087***	0.077***

注：***、**、*分别表示 1‰、1%、5% 的水平上显著。

M1：Level-1 $Y_{ij} = \beta_{0j} + \gamma_{ij}$，Level-2 $\beta_{0j} = \gamma_{00} + \mu_{0j}$；M2：Level-1 $Y_{ij} = \beta_{0j} + \gamma_{ij}$，Level-2 $\beta_{0j} = \gamma_{00} + \gamma_{01}X_j + \mu_{0j}$；M3：Level-1 $M_{ij} = \beta_{0j} + \gamma_{ij}$，Level-2 $\beta_{0j} = \gamma_{00} + \gamma_{01}X_j + \mu_{0j}$；M4：Level-1 $Y_{ij} = \beta_{0j} + \beta_{1j}(M_{ij} - M_j) + \gamma_{ij}$，Level-2 $\beta_{0j} = \gamma_{00} + \gamma_{01}X_j + \gamma_{02}M_j + \mu_{0j}$。其中，Y 表示绩效管理有效性；X 表示绩效管理问责制；M 表示评估者责任心（被评估者责任心）；M_j 表示评估者责任心（被评估者责任心）的组别平均数。

（一）绩效管理问责制的直接效应

第一，建立二层线性模型（M2），检验绩效管理问责制对绩效管理有效性的直接效应。在 Level-2 模型中加入绩效管理问责制作为自变量进行直接效应的检验，表 6-6 中模型 2 的结果显示，问责制对绩效管理有效性存在正向的显著影响（$\gamma_{01} = 0.305$，$P < 0.01$），假设 6 得到验证。第二，建立二层线性模型（M3），分别检验绩效管理问责制对评估者责任心（M3a）和被评估者责任心（M3b）的直接效应。表 6-6 中模型 3 的结果说明，绩效管理问责制对评估者责任心（$\gamma_{01} = 0.341$，$P < 0.01$）和被评估者责任心（$\gamma_{01} = 0.349$，$P < 0.01$）均有正向促进作用，假设 7a 和假设 7b 得到支持。

（二）绩效评估责任心的中介效应

由于评估者责任心、被评估者责任心和绩效管理有效性是个体层次的变量，绩效管理问责制是组织层次的变量，研究变量处于组织中不同的层级，故我们采用多层次线性模型（HLM）的分析方法，构建跨层次中介效果个体层次中介变量模型（X-m-y），进行中介效应的检验。

　　建立二层线性模型（M4），检验自变量绩效管理问责制和中介变量绩效评估责任心同时对因变量绩效管理有效性的影响。首先，在 Level – 1 模型中，取中介变量与其自身组别平均数的差值作为自变量，然后在 Level – 2 模型中加入问责制及中介变量的组别平均数作为自变量进行效应检验，表 6 – 6 中模型 4 的结果显示，评估者责任心（M4a）（$\gamma_{02} = 0.383$，$P < 0.05$）和被评估者责任心（M4b）（$\gamma_{02} = 0.597$，$P < 0.05$）均对绩效管理有效性存在显著的正向影响，假设 1a 和假设 1b 得到验证。评估者责任心、被评估者责任心的组内效应对绩效管理有效性的作用分别为（$\gamma_{10} = 0.632$，$P < 0.01$；$\gamma_{10} = 0.510$，$P < 0.01$），组间效应的作用 γ_{02} 也均达到显著性水平（$P < 0.05$），且加入中介变量后，绩效管理问责制对绩效管理有效性的影响显著下降且未达到显著性水平（$\gamma_{01} = 0.179 \rightarrow \gamma_{01} = 0.147$，$P > 0.05$），由此可知，评估者责任心、被评估者责任心均在组织绩效管理问责制与绩效管理有效性之间起到完全中介效应，假设 8a 和假设 8b 得到验证。

第四节　本 章 小 结

　　本章对绩效管理问责制对绩效管理有效性的跨层次影响机制进行了实证分析，以验证理论模型。采用 HLM6.08 分析软件对研究数据进行了跨层次检验，结果显示绩效管理问责制显著正向影响绩效管理有效性，评估者责任心和被评估者责任心在二者关系中分别具有完全中介作用。

第七章

组织绩效管理文化的情境效应检验

本章基于正式问卷调查收集的有效数据实证分析组织绩效管理文化的情境效应。

第一节 理论模型与研究假设

整体模型中还存在着组织绩效管理文化的情境效应，为了检验这一效应，构建跨层次理论模型，如图 7-1 所示。模型对应的假设有

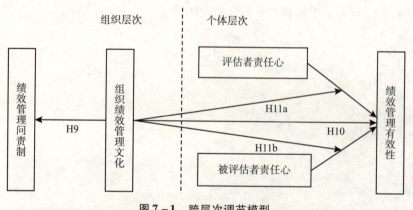

图 7-1 跨层次调节模型

H9：组织绩效管理文化正向影响绩效管理问责制；

H10：组织绩效管理文化正向影响绩效管理有效性；

H11a：组织绩效管理文化正向调节评估者责任心与绩效管理有效性之间的

关系；

H11b：组织绩效管理文化正向调节被评估者责任心与绩效管理有效性之间的关系。

第二节 测量的信度和效度检验

组织绩效管理文化量表是在概念界定的基础上，基于企业员工的真实感知，采用扎根理论的方法，从访谈资料中归纳和提炼了测量题项。虽然经过回访和专家咨询，多次净化并修正了初始量表，进行了小样本预试，为了检验量表的有效性，在开始假设检验之前，先对量表进行信度和效度检验。

一、信度分析和探索性因子分析

表7-1提供了量表的信度和因子分析结果。可以看出，所有题项的 CITC 系数均满足大于 0.5 的标准，Cronbach α 系数大于 0.8，且删除任意题项后 Cronbach α 系数没有增加，表明量表具有较高的内部一致性。KMO 值大于 0.8，表明各题项之间的关系良好，适合进行因子分析，采用最大方差法旋转萃取后的因子结构与初始量表的结构相一致，量表具有较好的结构效度。

表7-1　　组织绩效管理文化的信度分析和因子分析

变量	测量题项	CITC	删除该题项后的 α 系数	Cronbach α 系数	因子载荷	KMO	累计解释方差的%
组织绩效管理文化	KZ-1	0.810	0.969	0.971	0.843	0.934	74.683
	KZ-2	0.854	0.968		0.896		
	KZ-3	0.880	0.968		0.903		
	KZ-4	0.817	0.969		0.832		
	YZ-1	0.801	0.969		0.825		
	YZ-2	0.684	0.971		0.727		
	YZ-3	0.791	0.969		0.836		
	YZ-4	0.824	0.969		0.857		
	MD-1	0.762	0.970		0.814		

续表

变量	测量题项	CITC	删除该题项后的 α 系数	Cronbach α 系数	因子载荷	KMO	累计解释方差的%
组织绩效管理文化	MD – 2	0.816	0.969		0.871		
	MD – 3	0.836	0.969		0.885		
	MD – 4	0.878	0.968		0.912		
	YH – 1	0.862	0.968		0.894		
	YH – 2	0.808	0.969		0.856		
	YH – 3	0.847	0.969		0.873		
	YH – 4	0.820	0.969		0.868		
	GP – 1	0.814	0.969	0.971	0.847	0.934	74.683
	GP – 2	0.819	0.969		0.852		
	GP – 3	0.805	0.969		0.836		
	GP – 4	0.811	0.969		0.845		
	JL – 1	0.764	0.970		0.801		
	JL – 2	0,781	0.969		0.832		
	JL – 3	0.802	0.969		0.869		
	JL – 4	0.776	0.970		0.823		

二、验证性因子分析

（1）测量模型拟合情况。由表 7 – 2 可知，组织绩效管理文化是一个二阶因子结构，包含六个维度。从各项拟合指标来看，$x^2/df = 2.11$，$GFI = 0.95$，$AGFI = 0.93$，$NFI = 0.96$，$CFI = 0.97$，$IFI = 0.98$，$RMSEA = 0.056$，$RMR = 0.025$，指标值均达到了研究的判别标准，说明组织绩效管理文化结构模型的拟合度较为理想。

表 7 – 2   组织绩效管理文化量表的验证性因子分析

变量	测量题项	标准化因子载荷	标准误差	组合信度	AVE
组织绩效管理文化	控制性	0.89	0.14	0.952	0.768
	一致性	0.86	0.18		

续表

变量	测量题项	标准化因子载荷	标准误差	组合信度	AVE
组织绩效管理文化	目的性	0.85	0.20	0.952	0.768
	友好性	0.95	0.09		
	公平性	0.91	0.11		
	激励性	0.79	0.45		
控制性	KZ - 1	0.76	0.42	0.856	0.597
	KZ - 2	0.78	0.39		
	KZ - 3	0.81	0.35		
	KZ - 4	0.74	0.46		
一致性	YZ - 1	0.77	0.40	0.858	0.602
	YZ - 2	0.76	0.42		
	YZ - 3	0.73	0.49		
	YZ - 4	0.84	0.30		
目的性	MD - 1	0.75	0.44	0.852	0.590
	MD - 2	0.74	0.46		
	MD - 3	0.76	0.42		
	MD - 4	0.82	0.33		
友好性	YH - 1	0.81	0.35	0.900	0.693
	YH - 2	0.84	0.30		
	YH - 3	0.86	0.25		
	YH - 4	0.82	0.33		
公平性	GP - 1	0.86	0.25	0.913	0.723
	GP - 2	0.81	0.35		
	GP - 3	0.88	0.22		
	GP - 4	0.85	0.27		
激励性	JL - 1	0.76	0.42	0.834	0.567
	JL - 2	0.78	0.39		
	JL - 3	0.75	0.44		
	JL - 4	0.72	0.52		

拟合优度指标值：$x^2/df = 2.11$，GFI = 0.95，AGFI = 0.93，NFI = 0.94，CFI = 0.97，IFI = 0.97，RMSEA = 0.056，RMR = 0.025

（2）组合信度。组织绩效管理文化各维度的组合信度均满足 CR 大于 0.6 的判别标准，表明各维度的内在拟合良好。量表总的 CR 为 0.952，大于 0.6，表明量表的各个测量题项之间具有较高的内部一致性，量表具有较好的信度，可以进行稳定的测量。

（3）收敛效度。量表中各题项的标准化因子载荷分布在 0.72 ~ 0.95 之间，均达到 0.71 的理想水平，说明测量题项的适切性较高，正式问卷的测量质量良好。此外，各维度以及量表总的 AVE 值均满足大于 0.5 的判别要求。标准化因子载荷与 AVE 值共同证实了量表具有良好的收敛效度。

（4）区分效度。表 7 - 3 显示了各个维度之间的相关系数，可见，各维度与其他维度的相关系数值均小于该维度 AVE 的平方根值，说明组织绩效管理文化的各个维度能够有效分离，测量量表具有很好的区分效度。

表 7 - 3　　　　　　　　　　组织绩效管理文化的区分效度检验

变量	平均值	标准差	1	2	3	4	5	6
控制性	3.776	0.883	(0.773)					
一致性	3.584	0.836	0.355**	(0.776)				
目的性	3.721	0.819	0.346**	0.469**	(0.768)			
友好性	3.618	0.900	0.468**	0.365**	0.455**	(0.832)		
公平性	3.787	0.913	0.296**	0.373**	0.376**	0.389**	(0.850)	
激励性	3.710	0.920	0.287**	0.345**	0.334**	0.432**	0.382**	(0.753)

注：** 表示在 1% 水平上显著；括号内的值为 AVE 的平方根。

三、整体模型的区分效度检验

表 7 - 4 显示了跨层次模型中各变量之间的相关系数，各变量与其他变量的相关系数值均小于该变量 AVE 的平方根值，说明整体模型中的各个研究变量能够有效分离，跨层次结构模型具有较好的区分效度。

表 7 - 4　　　　　　　　　　整体模型的区分效度检验

变量	平均值	标准差	1	2	3	4	5
PMC	3.740	0.773	(0.876)				
PMA	3.465	0.373	0.315**	(0.783)			

续表

变量	平均值	标准差	1	2	3	4	5
RRR	3. 943	0. 503	0. 539	0. 687 **	(0. 764)		
RER	4. 106	0. 429	0. 467 **	0. 472 **	0. 699 **	(0. 880)	
PME	3. 646	0. 701	0. 311 **	0. 490 **	0. 553 **	0. 438 **	(0. 798)

注：绩效管理文化（Performance Management Culture，PMC）；绩效管理问责制（Performance Management Accountability，PMA）；评估者责任心（Raters Responsibility，RRR）；被评估者责任心（Ratees Responsibility，RER）；绩效管理有效性（Performance Management Effectiveness，PME）；** 表示 1% 的水平上显著；括号内的值为 AVE 平方根。

第三节 研究结果

一、聚合检验

组织绩效管理文化是组织层次变量，聚合检验的结果表明组织绩效管理文化 R_{wg} 的中值（0.86）和均值（0.84）均满足大于 0.70 的标准，说明测量数据具有良好的组内一致性；ICC（1）的值为 0.16 大于 0.12，且 F 值为 9.33，达到显著性水平，说明测量数据具有显著的组间差异；ICC（2）的值为 0.89，也满足了大于 0.70 的标准。由此表明数据聚合是可行的，在后续假设检验中可以使用同一测量单位内个体评价得分的平均数表示该变量在组织层面上的数据。

二、描述性统计分析

表 7 - 5 给出了研究变量和控制变量的均值、标准差与相关系数。由此可知，在组织层面上，绩效管理问责制与绩效管理文化显著正相关（r = 0.315，p < 0.01）；在个体层面上，绩效管理有效性与职位级别（r = 0.144，p < 0.05）、评估者责任心（r = 0.553，p < 0.01）、被评估者责任心（r = 0.438，p < 0.01）显著正相关。

128 | 基于责任视角的企业绩效管理有效性研究

表 7 - 5					变量的描述性统计结果				
变量	均值	标准差	1	2	3	4	5	6	7
组织层面									
1. 企业规模	2.498	1.527							
2. 所有制类型	1.511	0.501	0.573*						
3. 行业类型	2.084	1.153	0.324*	0.148					
4. PMC	3.740	0.773	0.191**	0.085	0.114				
5. PMA	3.465	0.373	0.344**	0.297	0.171	0.315**			
个体层面									
1. 性别	1.533	0.500							
2. 年龄	2.044	0.712	-0.004						
3. 受教育程度	2.791	0.679	0.040	-0.129					
4. 职位级别	1.173	0.454	-0.075	0.224**	0.002				
5. 工作年限	3.240	1.241	-0.035	0.695**	-0.226*	0.155*			
6. RRR	3.924	0.486	-0.020	0.147*	-0.064	0.088	0.198**		
7. RER	4.127	0.469	0.040	0.079	0.043	0.040	0.109	0.699**	
8. PMS	3.742	0.660	0.005	0.048	-0.084	0.144*	-0.013	0.553**	0.438**

注：绩效管理文化（Performance Management Culture，PMC）；绩效管理问责制（Performance Management Accountability，PMA）；评估者责任心（Raters Responsibility，RRR）；被评估者责任心（Ratees Responsibility，RER）；绩效管理有效性（Performance Management Effectiveness，PME）；**、*分别表示1%、5%的水平上显著。

三、组织绩效管理文化对绩效管理问责制的影响效应检验

组织绩效管理文化与绩效管理问责制同属于组织层面的变量，为验证二者之间的关系，我们采用 SPSS 统计软件构建以组织绩效管理文化为自变量，绩效管理问责制为因变量的回归模型。结果证实，组织绩效管理文化与绩效管理问责制之间存在显著的正相关关系（$r = 0.315$，$p < 0.01$），假设 9 得到验证。

四、组织绩效管理文化的跨层次调节效应检验

组织变量绩效管理文化对个体层面变量绩效评估责任心与绩效管理有效性关系的调节效应检验结果如表 7 - 6 所示，具体的检验步骤分三步进行：第一，建立二层线性模型（M1），并分别将评估者责任心（M1a）、被评估者责任心

（M1b）加入 Level-1 模型中，检验 Level-1 的主效果。结果表明，评估者责任心（$\gamma_{10} = 0.662$，P < 0.001）和被评估者责任心（$\gamma_{10} = 0.599$，P < 0.001）均对绩效管理有效性产生显著的正向影响，且 Level-1 模型的 R^2 分别为 0.330 和 0.218，表示绩效管理有效性的组内方差有 33% 可被评估者责任心解释，有 21.8% 可由被评估者责任心解释。第二，将组织绩效管理文化加入模型 1 的 Level-2 层中，构建模型 2，检验 Level-2 的主效果。结果显示，分别控制住个体层次 Level-1 的评估者责任心和被评估者责任心以后，组织绩效管理文化对绩效管理有效性具有显著的正向影响（$\gamma_{01a} = 0.344$，P < 0.01；$\gamma_{01b} = 0.116$，P < 0.05），假设 10 得到验证。Level-2 模型的 R^2 分别为 0.130 和 0.092，表示控制评估者责任心以后，有 13% 的绩效管理有效性组间方差可以被组织绩效管理文化解释；控制被评估者责任心以后，有 9.2% 的绩效管理有效性组间方差可被组织绩效管理文化解释。最后，估计一个斜率作为结果变量的模型 3，检验个体层次变量与组织层次变量的交互作用。结果显示，组织绩效管理文化显著调节评估者责任心与绩效管理有效性之间的关系（$\gamma_{11} = 0.341$，P < 0.01），这说明组织绩效管理文化越强，评估者责任心与绩效管理有效性之间的正向关系越强。假设 11a 得到支持。图 7-2 也清楚地显示了这一调节效应，随着评估者责任心的增强，绩效管理有效性增加，且组织绩效管理文化越强势，表征评估者责任心与绩效管理有效性关系的直线斜率就越大。同理，如图 7-3 所示，组织绩效管理文化在被评估者责任心与绩效管理有效性之间关系的调节作用也达到显著性水平（$\gamma_{11} = 0.243$，P < 0.05），假设 11b 得到验证。

表 7-6　　　　组织绩效管理文化的跨层次调节效应检验结果

变量	模型 1a	模型 1b	模型 2a	模型 2b	模型 3a	模型 3b
截距项（γ_{00}）	3.732 ***	3.733 ***	3.732 ***	3.733 ***	3.732 ***	3.733 ***
Level-1 预测因子						
γ_{10}	0.662 ***	0.599 ***	0.655 ***	0.594 **	0.662 **	0.600 *
Level-2 预测因子						
γ_{01}			0.344 **	0.116 *	0.215 **	0.094 *
交互项						
γ_{11}					0.341 **	0.243 *
方差						
σ^2	0.240	0.280	0.240	0.280	0.241	0.280
τ_{00}	0.069 ***	0.065 ***	0.060 ***	0.059 ***	0.053 ***	0.058 ***

变量	模型 1a	模型 1b	模型 2a	模型 2b	模型 3a	模型 3b
τ_{11}	0.181**	0.173***	0.178**	0.171**	0.172***	0.171***
R^2	0.330	0.218	0.130	0.092	0.034	0.011

注：***、**、*分别表示1‰、1%、5%的水平上显著。

M1：$Level-1\ Y_{ij}=\beta_{0j}+\beta_{1j}X_{ij}+\gamma_{ij}$，$Level-2\ \beta_{0j}=\gamma_{00}+\mu_{0j}$，$\beta_{1j}=\gamma_{10}+\mu_{1j}$；M2：$Level-1\ Y_{ij}=\beta_{0j}+\beta_{1j}X_{ij}+\gamma_{ij}$，$Level-2\ \beta_{0j}=\gamma_{00}+\gamma_{01}M_j+\mu_{0j}$，$\beta_{1j}=\gamma_{10}+\mu_{1j}$；M3：$Level-1\ Y_{ij}=\beta_{0j}+\beta_{1j}X_{ij}+\gamma_{ij}$，$Level-2\ \beta_{0j}=\gamma_{00}+\gamma_{01}M_j+\mu_{0j}$，$\beta_{1j}=\gamma_{10}+\gamma_{11}M_j+\mu_{1j}$。其中，Y表示绩效管理有效性；X表示评估者（被评估者）责任心；M表示组织绩效管理文化。

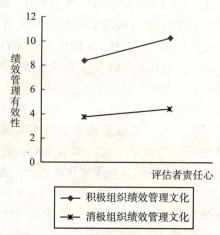

图7-2　组织绩效管理文化在评估者责任心与绩效管理有效性之间的跨层次调节效应

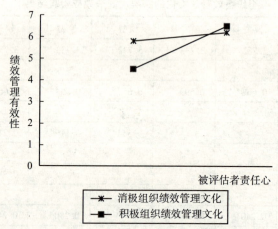

图7-3　组织绩效管理文化在被评估者责任心与绩效管理有效性之间的跨层次调节效应

第四节 本章小结

　　本章对组织绩效管理文化的情境效应进行了实证分析，采用 SPSS19.0 和 HLM6.08 统计分析软件对研究数据进行了处理，结果表明，组织绩效管理文化正向影响绩效管理问责制；组织绩效管理文化跨层次正向调节评估者（被评估者）与绩效管理有效性之间的关系。

第八章

研究结论与展望

本章的主要内容是归纳、总结本研究所得到的全部研究结论；阐述研究结论的理论进展和实践启示；分析本研究的局限与不足之处，并据此提出未来的研究方向。

第一节 研 究 结 论

一、归纳了组织绩效管理文化的结构维度

尽管组织文化被普遍视为是企业绩效管理积极成效的重要影响因素，但目前绩效管理情境下的组织文化研究还较为不足。本书在文献梳理的基础上清晰界定了绩效管理文化的概念。它是组织绩效管理价值观的体现，是保证绩效管理工作有效落实的工具，用于在绩效管理的情境中，强化和落实个体的责任意识，引导个体形成组织所期望的态度和行为，促使个体对绩效管理活动产生正确的认知、承诺和行动。在概念界定的基础上，借鉴已有的绩效管理文化研究成果，基于企业员工的感知，采用扎根理论的方法，最终得到组织绩效管理文化是一个六维度的结构模型包括控制性、一致性、目的性、友好性、公平性和激励性。鉴于文献梳理过程中尚未发现系统测量绩效管理文化的文献，本书通过开放性编码和选择性编码将访谈记录归纳为相应的测量题项，最终提炼出一套组织绩效管理文化量表。通过小样本的探索性因子分析和大样本的验证性因子分析，实证检验了组织绩效管理文化的六个维度是可以明显区分的，测量量表具有较高的信度和效度（$\alpha = 0.971$）。

二、绩效管理问责制是绩效管理和问责制理论交叉形成的新概念

国内问责制的相关研究主要集中于行政问责制，对于企业问责制的研究关注较少。为深入探索企业问责制的作用机理，本研究在理清已有问责制研究的基础上，将问责制引入绩效管理过程中，清晰界定了绩效管理问责制的概念，结合中国情境和绩效管理情境，展开绩效管理问责制的测度研究。绩效管理问责制作为问责制在绩效管理过程中的具体应用，它专指控制和约束绩效管理实施的制度和规范，用以引导、监督及约束行为人（管理者、评估者、被评估者）的行为，提升工作责任感，强化自我责任的履行，对于那些符合（不符合）工作要求的行为人还会给予相应的奖励（惩罚）。简单来说，绩效管理问责制就是一套保证组织绩效管理工作高效运行的责任约束和追惩机制。鉴于问责制的定量研究依然是一个黑箱，本书基于绩效管理问责制的概念以及现有的研究成果，采用扎根理论的研究方法，归纳出绩效管理问责制包括责任范围、响应程度、责任监督与控制、奖惩激励机制四个维度，并在结构维度框架的基础上，提炼了绩效管理问责制测量量表。通过问卷调查，基于有效的样本数据，实证检验了绩效管理问责制的维度，最终形成了一套具有良好信度和效度的、可信赖的绩效管理问责制量表（$\alpha = 0.947$）。

三、评估者责任心和被评估者责任心是提升绩效管理有效性的关键因素

本书探索并验证了绩效管理实施过程中行为人的责任心对绩效管理有效性具有显著地直接效应和间接效应。一方面评估者责任心（被评估者责任心）对绩效管理有效性具有显著的正向影响，这一结论与伍德和马歇尔（2008）的研究结论相一致；另一方面，我们把敬业行为引入研究框架，将其作为绩效管理有效性的前端结果变量，进一步证实了评估者责任心（被评估者责任心）与其敬业行为之间存在显著的正相关关系，而且评估者、被评估者在绩效管理过程中的敬业行为显著正向影响绩效管理实施的有效性，这一结论符合阿布等（2011）的研究。最终结果显示，评估敬业行为在评估者责任心与绩效管理有效性的关系中起到部分中介作用；反馈寻求行为在被评估者责任心与绩效管理有效性的关系中起到部分中介作用。在绩效管理实施过程中，行为个体高度的责任心水平有助于形成敬业行为，进而提升绩效管理实施的有效性。

四、绩效管理问责制对绩效管理有效性的作用机制

在问责制的研究结果中，学者们普遍认为问责制作为一种组织制定的责任规范或制度安排，监控过程和结果，落实责任，促使行为人按照规定的标准履行职责。问责制不仅影响个体思考问题的内容，更重要的是影响个体思考解决问题的方式。伍德和马歇尔（2008）认为问责制是影响绩效管理有效性的组织因素，但没有通过定量分析深入探讨问责制对绩效管理有效性的作用机理。鉴于问责制是中观的概念，且其在个体层面的表现为责任心，故本书引入绩效评估双方责任心，构建了绩效管理问责制对绩效管理有效性作用的中观理论模型。通过采用 HLM 分析，证实组织层面的绩效管理问责制通过强化评估者责任心和被评估者责任心进而提升绩效管理有效性，且评估者责任心（被评估者责任心）在绩效管理问责制与绩效管理有效性之间的关系中起到完全中介作用。

五、组织绩效管理文化的直接效应和调节效应

本书证实了组织绩效管理文化对绩效管理问责制具有显著的正向影响。积极的绩效管理文化，有助于在组织内部形成积极的绩效管理氛围以及明确的责任氛围，有助于问责机制的建立与实施。组织绩效管理文化不仅是一种组织认知，也是孕育绩效管理问责制和成员责任心的土壤与基础。组织绩效管理文化与问责制相互配合、双管齐下，强化组织的责任氛围，共同作用提升组织绩效管理的有效性。此外，作为一种情境因素，进一步证实了组织绩效管理文化在评估者责任心（被评估者责任心）对绩效管理有效性影响过程中起到了调节效应。结果表明，越是具有积极绩效管理文化的组织中，评估者责任心（被评估者责任心）与绩效管理有效性之间的正相关关系就会越强。

以上研究结论表明组织绩效管理文化有助于形成明确的绩效管理问责机制，通过评估者责任心、被评估者责任心的完全中介作用形成敬业行为，最终提升组织绩效管理的有效性。研究结论进一步明确了"组织绩效管理文化—绩效管理问责制—评估者责任心、被评估者责任心—评估敬业行为、反馈寻求行为—绩效管理有效性"之间的驱动机理，证实了本书的理论框架。

第二节　研究结论的理论进展与实践启示

一、理论进展

本书基于人境互动论、认知行为理论和特质激活理论对绩效管理有效性的影响因素进行了深入的探讨，系统分析了组织情境因素（绩效管理问责制）和个体心理因素（绩效评估责任心）对绩效管理有效性的协同作用，同时，还进一步揭示了绩效评估敬业行为的中介作用以及组织绩效管理文化所起到的调节作用，研究结论拓展并深化了绩效管理有效性的理论研究。总体来说，本研究的理论进展主要表现为以下几个方面。

（一）突显了组织文化在组织管理研究中的重要意义

组织文化一直是多个研究领域广泛关注的热点问题，现有研究越来越趋向于探索组织文化的细小分支，拓展更加功效化的组织文化概念。近年来学者们开始强调在组织中塑造积极绩效管理文化的重要性，但迄今为止尚未形成成熟的绩效管理文化理论。本书在明确组织绩效管理文化概念内涵的基础上，概括归纳出组织绩效管理文化结构的理论维度，最终验证了这一结构维度的合理性，并开发了一套符合测量学标准的组织绩效管理文化量表。研究组织绩效管理文化的内涵和本质，弥补了以往研究中的不足，丰富了组织文化理论，开启了绩效管理文化定量研究的新篇章，为绩效管理的理论研究提供了科学翔实的依据。

（二）发展了企业问责制的本土化研究

随着问责制理论在国际政治和教育领域流行开来，国内学者也将其引入企业管理领域，提出了企业问责制的概念。通过梳理企业问责制的相关文献，本书发现目前国内学术界对企业问责制的探索依然收效甚微。基于国外最新的研究成果，本研究将企业问责制引入到绩效管理过程中，清晰界定了绩效管理问责制的内涵，采用定量与定性相结合的方法概括出绩效管理问责制的结构维度，并以此为基础开发了绩效管理问责制的测量量表。本研究探索绩效管理过程中企业问责制的作用，弥补了国内企业问责制研究的不足，丰富了企业问责制理论，丰富了企业问责制的实证研究，为问责制在企业管理各项活动中的后续应用奠定了基础。

（三）应用积极组织行为学理论，迎合了组织科学的最新研究趋势

当今的组织研究者提倡采用积极的方法解释组织现象，敬业理论正是这一积极方法的应用，考虑评估双方的敬业行为如何有助于绩效管理的效度提升是绩效管理理论研究的进步。本书将敬业行为引入责任心与绩效管理有效性之间的关系中，并假设在绩效评估过程中，评估双方的责任心通过形成自身的敬业行为进而提升绩效管理的有效性。实证检验证实了相关假设的成立，结果表明评估双方的敬业行为在双方责任心与绩效管理有效性的关系中起到部分中介作用。这一结论凸显了绩效评估的致命问题，完善了绩效管理过程中个体责任心作用机理的理论构建。此外，国内对于如何提升绩效管理有效性的研究还停留在理论探索阶段，欠缺相应的实证研究，这一结论进一步弥补了当前国内研究的不足，为后续实证研究的开展奠定了基础。

（四）发展了"责任"视角下绩效管理有效性的理论研究

本书基于企业员工的深度访谈资料，采用扎根理论的研究方法，归纳出我国企业绩效管理实施效度的核心影响因素是责任问题，由此，基于责任视角探讨绩效管理有效性。以往对于绩效管理有效性的研究，大多集中在组织层面，缺少对个体层面影响因素的考虑，而且忽略了组织和个体因素的联动作用。本研究采用跨层次分析方法，构建了绩效管理问责制通过绩效评估个体责任心影响绩效管理有效性的理论模型。实证证实了绩效管理问责制、评估者责任心、被评估者责任心是绩效管理有效性的影响因素；评估者责任心与被评估者责任心在绩效管理问责制影响绩效管理有效性的关系中充当了中介传导因素。本研究同时将责任的组织因素和个体因素纳入研究框架，实现了整合研究，打破了绩效管理管理有效性跨层次实证研究的黑箱，明晰了责任因素在绩效管理过程中的作用路径，为绩效管理有效性的理论研究提供了思路启发。

（五）实现了组织绩效管理软环境的探究

现有的绩效管理有效性文献中绝大多数都忽略了组织文化或氛围对整体绩效管理有效性的影响。本研究将组织绩效管理文化作为一种情境因素，纳入责任对绩效管理有效性影响的研究框架中，深入探讨组织文化与绩效管理有效性之间的关系以及在不同强度的绩效管理文化作用下，评估者责任心和被评估者责任心对绩效管理有效性的影响会发生怎样的变化。本书将绩效管理有效性研究嵌入组织情境中，深入分析组织内部文化因素的作用。研究结论证实了情境因素有助于提

升绩效管理有效性，表明在绩效管理有效性的理论研究中进行更多的情境因素研究是可行的。将组织绩效管理文化作为情境变量，探讨绩效管理的实施氛围，开启了对组织绩效管理软环境的研究，这进一步丰富了绩效管理的理论研究。

二、实践启示

如何发挥绩效管理的积极成效，实现企业目标，是所有企业经营者和管理者都必须要面对和解决的重要问题。实地调研中我们发现绩效管理实施过程中的责任问题是影响其显著成效的关键因素，为了保障绩效管理的各个环节能够正确的落实各项责任，本研究提出了组织文化和问责制作为保障措施，责任心作为实现路径，敬业行为作为首要目标的研究思路，并由此展开深入的探索，所得结论对本土企业未来提升绩效管理有效性具有一定的指导。

第一，关注绩效管理实施的组织环境，加强绩效管理的情境建设。

基于实证分析，本研究证实了组织绩效管理文化是绩效管理有效性的一个重要影响因素，是孕育绩效管理问责制和绩效评估双方责任心的沃土。积极的绩效管理文化有利于提升组织成员的公平性感知，强化责任意识，引导并塑造个体在绩效管理过程中所需要呈现出的态度与行为。因此，企业实践中应该选择把正确的人放置在管理岗位上，确保管理者具有强大的潜力和技能，能够为建立一个积极的绩效管理文化做出长期的贡献。此外，绩效管理文化的建立不是一蹴而就的，它需要大量的时间，绩效管理文化在建成之后需要管理者和员工持续不断地评估、反馈和改进，并为适应新文化而做出不断的改变。企业管理者应该努力营造公平、尽责、敬业的绩效管理文化氛围，树立正确的绩效管理价值观，落实积极绩效管理文化建设，认真完成绩效管理实施的初始准备。通过在企业内部广泛的宣传和贯彻积极的绩效管理文化，改善绩效管理的实施环境，一方面有利于形成人人为我、我为人人的责任氛围，激发员工产生强烈的责任意识进而形成良好的敬业行为；另一方面，绩效管理过程中问责制的有效推行提升了行为主体的责任意识，但是由于长期受到中国传统文化的影响，国内企业中的问责文化比较薄弱，问责参与性不高，包含问责导向的组织绩效管理文化的宣贯，能够为企业构建有效的问责制、实施推进各项干预措施提供有力的支持，培育和提升成员对问责的接受度和参与度，逐步减少成员错误的认知和行为。

第二，优化绩效管理干预措施，建立健全绩效管理问责制。

本研究的结果表明企业内部科学完善的绩效管理问责机制有利于强化员工责任心，提升绩效管理有效性。责任是品质的保障，落实责任是明确责任、强化监督和有效问责的有机统一。问责制对员工角色内应尽责任、未尽责任以及责任履行不准确时需要承担的后果给出了一个清晰的界定，从而让员工对自己必须要履行的职责有一个清楚的认识。问责制的推行有效提升了责任主体的责任意识，激励他们做出符合组织规范的行为。问责过程会激励管理者采用一种更加有效的方式改善和优化绩效管理流程，绩效管理问责制是绩效管理效度的保障，只有真正把监督检查、目标考核与责任追究结合起来，实现问责的制度化和程序化，才能有效解决绩效管理流程中行为人"不作为、乱作为"的问题，才能把绩效管理中的责任问题落到实处。因此，在绩效管理实践中企业管理者应该做到责任明确、监督到位和问责有力。首先，树立正确的问责制前提条件，基于问责机制建立的目的和效用，建构和实施科学有效的绩效管理问责制，从制度上制约和保障责任落实；其次，立足绩效管理目标，建立科学完善的责任清单和综合评价体系，明确行为主体的相关责任，并严格按照制度要求对满足某一标准或违背某些标准的责任主体进行公开、公正的奖励或处罚；最后，强化监督，建立科学规范的监督体系和监督机制，企业管理者需要不断学习和提升建立绩效管理问责制的能力，在日常工作中实时监督和评估问责制实施的效度，持续改进和完善形成最优的绩效管理问责制。此外，企业需要定期开展相关培训工作，为问责机制的建立与实施提供必需的工具和资源保障。

第三，转变绩效管理观念，激发有效的绩效管理行为。

实证研究证实了绩效评估双方的责任心及其敬业行为对绩效管理有效性具有积极的影响，且敬业行为在评估双方责任心与绩效管理有效性的关系中起到部分中介作用。由此可见，最新的绩效管理有效性研究不再是试图改进绩效管理的工具和流程，而是关注通过形成和改进有效的绩效管理行为来提升绩效管理的效度。在企业实践中，企业领导者和管理者应该转变绩效管理理念，激励激发有效的绩效管理行为，具体需要：（1）管理者努力营造积极的工作氛围，传达大局思想，保证员工的大局意识，以明确和强化员工对其角色和使命的责任感与投入度。通过创建责任文化和敬业文化，在企业内部形成良好的责任与敬业氛围，并基于正确价值观的传递，影响评估者和被评估者的责任心理与敬业行为。（2）管理者构建积极的绩效管理意义，保障员工领悟和形成正确的绩效管理认知，以身作则并号召员工积极参与到绩效管理过程中。一项有意义的工作能够提升员工的工作成就感，进而激发员工的工作责任感，驱动形成良好的敬业行为。（3）提供有利的工具和丰富的资源驱动有效行为。通过开展相关培训，一方面，提升管理者的评估和反馈技能；另一方面，帮助员工正确的了解和认识绩效管理。培养良好的管理者—员工关系，开发顺畅的双向沟通渠道，管理者为员工提供持续的期望目标和反馈。通过完善沟通渠道，实现成员与成员之间、成员与组织之间及时、良好、高效的沟通，这有利于强化个体对成员和对组织的信任，有利于成员彼此之间形成良好的合作关系。信任和合作能够激发员工责任意识，提升敬业水平，最终有利于形成有效的绩效管理行为。

第三节　研究局限与展望

随着绩效管理在企事业单位和政府机关中的广泛运用，如何实现绩效管理的积极成效会持续成为组织管理的一个核心问题和难题。未来研究需要进一步深入探索绩效管理的显著成效，排除它的隐忧。本研究在责任视角下探讨了绩效管理有效性的核心影响因素，但仍然存在着一些局限和不足，有待后续的完善。

首先，研究变量的测量设计有待进一步优化。组织绩效管理文化与绩效管理问责制的测量量表，是采用定性与定量相结合的方法自行开发的，通过量表的信效度检验尽可能地保证了量表的稳定性和科学性。未来研究需要进一步优化和补充测量题项，从而更加准确的评估变量，同时，国外成熟量表在本土文化下的适切性等问题也有待后续研究的考虑。

其次，研究范围的选择有待进一步扩大。本研究的调查数据主要来源于辽宁、山东、北京、浙江、重庆、陕西六个地区，虽然样本涵盖了中国东北、华东、华中、东南、西南和西北的地域特点，但不同地区的样本量差异较大，导致样本的代表性不强，依然存在着地域的局限性。未来研究应该突破研究范围的限制，在更多的地区选择更多数量的企业展开调查，以保证研究结论的普适性。

再次，调查方式有待进一步优化。为了避免共同方法偏差问题，本研究将调查问卷分为员工直接上级问卷与员工问卷两部分，将管理者和员工作为调查对象，这在一定程度上降低了研究中的共同方法偏差。但由于本研究的调查属于横截面调查，即在同一时间内对被试者展开调查，这忽略了时间因素对研究变量感知的影响，导致本研究中依然存在着共同方法偏差问题。未来研究在评价方式上可以选择自评与他评相结合的方式，同时，有必要采取纵向的研究设计，考虑时间序列数据，关注不同时间点下的被试者反应。

最后，绩效管理有效性的影响因素研究有待进一步深化。就绩效管理有效性的影响因素而言，当前研究中还有很多因素尚未触及，如，组织公平、人力资源管理实践、员工关系氛围、员工认同等等，未来研究有必要对绩效管理有效性的前因变量，以及在这一过程中可能存在的一些中介或调节变量的作用机制予以更多的关注。此外，前因变量之间的交互作用也是未来研究的重点，尤其是需要考虑组织情境因素与个体因素之间的跨层次交互作用，跨层次多水平的实证研究亟待加强。

参 考 文 献

[1] 陈卫旗. 组织创新文化、组织文化强度与个体员工创新行为: 多层线性模型的分析 [J]. 心理科学, 2013, 36 (5): 1187 - 1193.

[2] 陈晓萍, 徐淑英, 樊景立. 组织与管理研究的实证方法 [M]. 北京: 北京大学出版社, 2012: 190 - 195.

[3] 邓志华, 陈维政. 服务型领导、组织文化与员工绩效的关系研究 [J]. 西南民族大学学报 (人文社会科学版), 2015 (4): 140 - 146.

[4] 樊耘, 邵芳, 纪晓鹏. 基于组织文化结构和人格化代表理论的文化诊断及流变研究 [J]. 管理工程学报, 2013, 27 (1): 31 - 40.

[5] 冯明, 程颖, 周杰. 组织行为学 [M]. 北京: 科学出版社, 2013: 265.

[6] 冯明, 张怡阁. 中国企业背景下责任制内部结构分析 [J]. 技术经济, 2012 (11): 115 - 121.

[7] 冯瑶. 美国教育问责制及其启示 [J]. 基础教育参考, 2007 (8): 31 - 33.

[8] 侯杰泰, 温忠麟, 成子娟. 结构方程模型及其应用 [M]. 北京: 科学出版社, 2004: 65.

[9] 胡洪彬. 国内问责制研究的定量定性分析与评价 [J]. 湖北社会科学, 2016, 2: 43 - 50.

[10] 况志华, 叶浩生. 西方学界关于责任起源的三种构想及其比较 [J]. 教育研究与实验, 2007 (4): 53 - 58.

[11] 雷蒙德·A. 诺伊, 约翰·R. 霍伦贝克, 巴里·格哈特, 帕特里克·M·赖特. 刘昕译. 人力资源管理赢得竞争优势 [M]. 第7版. 北京: 中国人民大学出版社, 2013: 79 - 83.

[12] 李成彦. 组织文化的参与性与员工满意感的相关研究 [J]. 心理科学, 2006, 29 (1): 214 - 215.

[13] 李富业, 张沛, 刘继文, 等. 中文版 Utrecht - 9 工作投入量表

（UWES-9）的信度效度分析 [A]. 第九届全国环境与职业医学研究生学术研讨会论文集 [C]. 上海，2011：46.

[14] 李海，张勉. 企业文化是核心竞争力吗？——文化契合度对企业绩效的影响 [J]. 中国软科学，2012（4）：125-134.

[15] 李鸿雁，吴小节. 基于SET理论的知识型员工敬业度、工作能力与绩效关系研究 [J]. 科技管理研究，2014，34（7）：222-228.

[16] 李怀祖. 管理研究方法论 [M]. 西安：西安交通大学出版社，2004：26-28.

[17] 李明，叶浩生. 责任心的多元内涵与结构及其理论整合 [J]. 心理发展与教育，2009（3）：123-128.

[18] 刘金培，宋晓霞，方琼红，朱磊. 人格特征如何影响创新型员工工作绩效？——基于敬业度的中介作用 [J]. 科技管理研究，2017（4）：149-154.

[19] 刘娜. 纳米能源的复杂创新网络研究 [M]. 北京：经济科学出版社，2017：23-27.

[20] 马骏. 政治问责研究：新的进展 [J]. 公共行政评论，2009（4）：22-47.

[21] 孟祥科. 我国问责制运行机制初探 [J]. 理论探讨，2007（1）：117-119.

[22] 齐丽红. 薪酬度公平性对员工责任心影响的问题研究 [D]. 天津：天津工业大学，2014：10-14.

[23] 司林波，李雪婷，乔花云. 国内"问责制"研究的知识图谱分析 [J]. 四川理工学院学报（社会科学版），2016，31（5）：1-17.

[24] 史际春，冯辉. "问责制"研究——兼论问责制在中国经济法中的地位 [J]，政治与法律，2009（1）：2-9.

[25] 孙玮. 领导者在组织文化不同发展阶段中的作用 [J]. 安徽理工大学学报（社会科学版），2013，15（2）：33-36.

[26] 王柳. 理解问责制度的三个视角及其相互关系 [J]. 经济社会体制比较，2016，2：185-194.

[27] 王淑洁. 为什么要实施企业问责制 [J]. 企业管理，2013（5）：35-36.

[28] 王婷. 企业一线员工体面劳动感知的意义构建及对敬业度的影响机理研究 [D]. 成都：西南财经大学，2014：18-21.

[29] 吴明隆. 问卷统计分析实务—SPSS操作与应用 [M]. 重庆：重庆大学

出版社，2013：18 – 26.

［30］闫敏，冯明. 企业绩效评估责任心结构的本土化研究 ［J］. 华东经济管理，2016（2）：114 – 119.

［31］闫艳玲. 积极领导对员工敬业度的作用机制研究 ［D］. 武汉：华中科技大学，2014：15 – 20.

［32］云鹏，彭剑锋，杨晨. 魅力型领导与创新型组织文化：人力资源管理的作用——以苹果公司为例 ［J］. 中国人力资源开发，2015（10）：68 – 73.

［33］张良才，孙继红. 山东省高中生责任心现状的调查研究 ［J］. 教育学报，2006，2（4）：82 – 90.

［34］张燕红，廖建桥. 组织中反馈寻求行为研究述评与展望 ［J］. 外国经济与管理，2014，36（4）：47 – 56.

［35］郑伯壎，郭建志，任金刚. 组织文化：员工层次的分析 ［M］. 台北：远流出版社，2001：23 – 36.

［36］周亚越. 行政问责制比较研究 ［M］. 北京：中国检察出版社，2008：13 – 19.

［37］Abu Mansor N N. et al. Determinants of performance management system in South East Asia ［J］. Inter Disciplinary Journal of Contemporary Research in Business，2011，3（2）：113 – 142.

［38］Adelien D，Carine S，Alex V. Employee performance management culture and system features in higher education：relationship with employee performance management satisfaction ［J］. The International Journal of Human Resource Management，2013，24（2）：352 – 371.

［39］Aguinis H. Performance Management（2nd ed.）［M］，Upper Saddle River，NJ：Pearson Prentice Hall，2007：16 – 22.

［40］Aguinis H. Pierce C A. Enhancing the relevance of organizational behavior by embracing PM research ［J］. Journal of Organizational Behavior，2008（29），139 – 145.

［41］Antonioni D. The effects of feedback accountability on upward appraisal ratings ［J］. Personnel Psychology，1994，47（2）：349 – 356.

［42］Bakker A B，Demerouti E，Schaufeli W B. The crossover of burnout and work engagement among working couples ［J］. Human Relations，2005，58（5）：661 – 689.

［43］Bakker A B，Demerouti E. Towards a model of work engagement ［J］. Career Development International，2008，13（3）：209 – 223.

［44］ Barrick M R, Stewart G L, Piotrowski M. Personality and job performance of sales: Test of the mediating effects of motivation among sales representatives ［J］. Journal of Applied Psychology, 2000 (87): 43 – 51.

［45］ Baumrind D. Parental disciplinary Patterns and social competence in children ［J］. Youth and Society, 2016, 9 (3): 239 – 276.

［46］ BernardinH J, ThomasonS, Buckley M R, Kane J S. Rater rating-level bias and accuracy in performance appraisals: The impact of rater personality, performance management competence, and rater accountability ［J］. Human Resource Management, 2016, 55 (2): 321 – 340.

［47］ Beu D, Buckley R M. The hypothesized relationship between accountability and ethical behavior ［J］. Journal of Business Ethics, 2001, 34 (1): 57 – 73.

［48］ Biron M, Farndale E, Paauwe J. Performance management effectiveness: Lessons from world's leading firms ［J］. The International Journal of Human Resource Management, 2011, 22 (6): 1294 – 1311.

［49］ Blagescu M, Las Casas L, Lloyd R. Pathways to accountability: The global accountability framework ［M］. London: One World Trust, 2005: 33 – 35.

［50］ Boswell W R, Boudreau J W. Employee satisfaction with performance appraisal and appraiser: The role of perceived appraisal use ［J］. Human resource Development quarterly, 2000, 11 (3): 283 – 299.

［51］ Bovens M. Two concept of accountability: Accountability as a virtue and as a mechanism ［J］. West European Politics, 2010, 33 (5): 946 – 967.

［52］ Brown D, Moore M. Accountability, strategy, and international nongovernmental organizations ［J］. Nonprofit and Voluntary Sector Quarterly, 2001 (30): 568 – 587.

［53］ Buchner T W. Performance management theory: A look from the performance's perspective with implications for HRD ［J］. Human Resource Development international, 2007, 10 (1): 59 – 73.

［54］ Cardy R L. Performance management: Concepts, skills, and exercises ［M］. Armonk, NY: M. E. Sharpe, 2004: 17 – 19.

［55］ Cawley B D, Keeping L M, Levy P E. Participation in the performance appraisal process and employee reactions: A meta-analytic review of field investigations ［J］. Journal of Applied Psychology, 1998, 83 (4): 615 – 633.

［56］ Christian M S, Garza A S, Slaughter J E. Work engagement: A quantitative review and test of its relations with task and contextual performance [J]. Personnel Psychology, 2011, 64 (1): 89 – 136.

[57] Dalal R S, Brummel B J, Wee S et al. Defining employee engagement for productive research and practice [J]. Industrial and Organizational Psychology, 2008, 1 (1): 52 – 55.

[58] Den Hartog D N, Boselie P, Paauwe J. PM: A model and research agenda [J]. Applied Psychology: An International Review, 2004 (53): 556 – 569.

[59] Dewettinck K. Employee PM Systems in Belgian organizations: purpose, contextual dependence and effectiveness [J]. European Journal of International Management, 2007, 2 (2): 192 – 207.

[60] Dewettinck K, Dijk H V. Linking Belgian employee performance management system characteristics with performance management system effectiveness: exploring the mediating role of fairness [J]. The International Journal of Human Resource Management, 2013, 24 (4): 806 – 825.

[61] Dobre OI. The link between organizational culture and performance management practices: A case of it companies From Romania [J]. Annals of the University of Oradea Economic Science, 2014, 23 (1): 1156 – 1163.

[62] Dubnick M. Accountability and ethics: Reconsidering the relationships [J]. International Journal of Organization Theory and Behavior, 2003 (6): 405 – 441.

[63] Ebrahlm A. Accountability in practice: mechanisms for NGOs [J]. World Development, 2003, 31 (5): 813 – 829.

[64] Elicker J D, Levy P E, Hall R J. The role of leader-member exchange in the performance appraisal process [J]. Journal of Management, 2006 (32): 531 – 551.

[65] Embi M A, Choon L K. Rater's intention towards appraising accurately [J]. Journal of Government and Politics, 2014, 5 (2): 152 – 168.

[66] English J, Ireland C. Employability – A question of responsibility [J]. H Social Science, 2010 (4): 1 – 38.

[67] Flamholtz E, Kannan – Narasimhan R. Differential impact of cultural elements on Financial Performance [J]. European Management Journal, 2005, 23 (1): 50 – 64.

[68] Fletcher C. Performance appraisal and management: The developing research agenda [J]. Journal of Occupational and Organizational Psychology, 2001, 74

（4）：473 –487.

［69］Freedman A. Balancing values, results in reviews ［J］. Human Resource Executive, 2006, （8）: 62 –63.

［70］Frink D D, Hall A T, Perryman A A, et al. Meso-level theory of accountability in organizations ［J］. Research in Personnel and Human Resources Management, 2008 （27）: 177 –245.

［71］Furnham A, Petrides K V, Jackson C J. et al. Do personality factors predict job satisfaction ［J］. Personality and Individual Differences, 2002, 33 （8）: 1325 – 1342.

［72］Gelfand M J, Lim B C, Raver L J. Culture and accountability in organizations: Variations in forms of social control across cultures ［J］. Human Resource Management Review, 2004 （14）: 15 –160.

［73］Glendinning P M. Performance management: pariah or messiah ［J］. Public Personnel Management, 2002 （31）, 161 –178.

［74］Gruman A J, Saks M A. Performance management and employee engagement ［J］. Human Resource Management Review, 2011 （21）: 123 –136.

［75］Hakanen J J, Perhoniemi R, Toppinen – Tanner S. Positive gain spirals at work: from job resources to work engagement, personal initiative and work-unit innovativeness ［J］. Journal of Vocational Behavior, 2008, 73 （1）: 78 –91.

［76］Halbesleben J R B, Harvey J, Bolino M C. Too engaged? A conservation of resources view of the relationship between work engagement and work interference with family ［J］. Journal of Applied Psychology, 2009, 94 （6）: 1452 –1465.

［77］Hall A T, Royle M T, Brymer R A, et al. Relationship between felt accountability as a stressor and strain reactions: the neutralizing role of autonomy across two studies ［J］. Journal of Occupational Health Psychology, 2006, 11 （1）: 87 –99.

［78］Hall T A, Ferris R G. Accountability and Extra – Role Behavior ［J］. Employ Response Rights Journal, 2011, 23 （2）: 131 –144.

［79］Harter J K, Schmidt F L, Hayes T L. Business – Unit – Lever relationship between employee satisfaction, employee engagement, and business outcomes: A Meta – Analysis ［J］. Journal of Applied Psychology, 2002, 87 （2）: 268 –279.

［80］Hazard P. Tackling performance management barriers ［J］. Strategic HR Review, 2004 （3）: 3 –7.

［81］Helm C, Holladay C L, Tortorella F R. The performance management system: Applying and evaluating a pay-for-performance initiative [J]. Healthcare Management, 2007, 52 (1): 49 – 62.

[82] Hochwarter W, Perrewé P L, Hall A T, Ferris G R. Negative affectivity as a moderator of the form and magnitude of the relationship between felt accountability and job tension [J]. Journal of Organizational Behavior, 2005, (26): 517 – 534.

[83] Humphrey S E, Nahrgang J D, Morgeson F P. Integrating motivational, social, and contextual work design features: A meta-analytic summary and theoretical extension of the work design literature [J]. Journal of Applied Psychology, 2007, 92 (5): 1332 – 1356.

[84] Jennings D F, Rajaratnam D, Lawrence F B. Strategy-performance relationships in service firms: A test for equifinality [J]. Journal of Managerial Issues, 2003, 15 (2): 208 – 220.

[85] Joo BK. Organizational commitment for knowledge workers: The roles of perceived organizational learning culture, leader-ember exchange quality, and turnover intention [J]. Human Resource Development Quarterly, 2010 (1): 69 – 85.

[86] Kamuf P. Accountability [J]. Textual practice, 2007, 21 (2): 251 – 266.

[87] Ke W, Wei K K. Organizational culture and leadership in ERP implementation [J]. Decision support systems, 2008, 45 (2): 208 – 218.

[88] Khachian A, Farahani M A, Haghani H, Tameh M A. Evaluation nurses' professional behavior and its relationship withorganizational culture and commitment in 2015 [J]. International Journal ofMedical Research &Health Sciences, 2016, 5 (12): 247 – 252.

[89] Kim H J, Shin K H, Swanger N. Burnout and engagement: A comparative analysis using the big five personality dimensions [J]. International Journal of Hospitality Management, 2009, 28 (1): 96 – 104.

[90] Kochanski J, Becom A. Four key steps to performance management [J]. Workspan Magazine, 2008 (2): 33 – 36.

[91] Koppell G J. Pathologies of accountability: ICANN and the challenge of "Multiple Accountabilities Disorder" [J]. Public Administration Review, 2005, 65 (1): 94 – 107.

[92] Kuvaas B. Different relationships between perceptions of developmental performance appraisal and work performance [J]. Personnel Review, 2007 (36): 378 –

397.

［93］Langelaan S, Bakker A B, Van Doornen L J P, Schaufeli W B. Burnout and work engagement: Do individual differences make a difference [J]. Personality and Individual Differences, 2006 (40): 521 –532.

［94］Latham G P, Almost J, Mann S, Moore C. New developments in perform-ance management [J]. Organizational Dynamics, 2005, 34 (1): 77 –87.

［95］Lauras M, Marques G, Gourc D. Towards a multi-dimensional project Per-formance Measurement System [J]. Decision Support Systems, 2010, 48 (2): 342 –353.

［96］Lawler E E. Reward and performance management system effectiveness [J]. Organizational Dynamics, 2003, 32 (4): 396 –404.

［97］LePine J A, Linn V L. Voice and cooperative behavior as contrasting forms of contextual performance: Evidence of differential relationships with Big Five personal-ity characteristics and cognitive ability [J]. Journal of Applied Psychology, 2001, 86 (2): 326 –336.

［98］Levy P E, Williams J R. The social context of performance appraisal: A re-view and framework for the future [J]. Journal of Management, 2004 (30), 881 –905.

［99］Lewis L, Russell S. Permeating boundaries: Accountability at the nexus of water and climate change [J]. Social and Environmental Accountability Journal, 2011, 31 (2): 117 –123.

［100］Liao H, Toya K, Lepak D, Hong Y. Do they see eye to eye? Manage-ment and employee perspectives of high-performance work systems and influence proces-ses on service quality [J]. Journal of Applied Psychology, 2009, 94 (2): 371 –391.

［101］Lindkvist L, Llewellyn S. Accountability, responsibility and organization [J]. Scandinavian Journal of Management, 2003, 19 (2): 251 –273.

［102］London M, Smither J W, Adsit D J. Accountability [J]. Group & Organi-zation Management, 1997, 22 (2): 162 –184.

［103］Macey W H, Schneider B. The meaning of employee engagement [J]. In-dustrial and Organizational Psychology, 2008, 1 (1): 3 –30.

［104］Macey W H, Schneider B, Barbera K M, Young S A. Employee engage-ment: Tools foranalysis, practice, and competitive advantage [J]. Personnel Psychology，2009，65（1）：341 −350.

［105］Mann S L，Budworth M − H，Ismaila A S. Ratings of counterproductive performance：The effect of source and rater behavior［J］. International Journal of Productivity and Performance Management，2012，61（2）：142 −156.

［106］Maslach C，Leiter M P. Early predictors of job burnout and engagement［J］. Journal of Applied Psychology，2008，93（3）：498 −512.

［107］Maslach C，Schaufeli W B，Leiter M P. Job burnout［J］. Annual Review of Psychology，2001，52（1）：397 −422.

［108］Mauno S，Kinnunen U，Ruokolainen M. Job demands and resources as antecedents of work engagement：A longitudinal study［J］. Journal of Vocational Behavior，2007，70（1）：149 −171.

［109］May R D，Gilson L R，Harter M L. 2004. The psychological conditions of meaningfulness，safety and availability and the engagement of the human spirit at work［J］. Journal of Occupational and Organizational Psychology，2004，77（1）：11 −37.

［110］Mero N M，Guidice R M，Brownlee A L. Accountability in a performance appraisal context：The effect of audience and from of accounting on rater response and behavior［J］. Journal of Management，2007，33（2）：223 −252.

［111］Mohammed A H. Performance appraisal system of Bangladeshi civil service：An analysis of itsefficacy［J］. International Public Management Review，2012，13（1）：38 −47.

［112］Ongore O. A study of relationship between personality traits and job engagement［J］. Procedia − Social and Behavioral Sciences，2014（141）：1315 −1319.

［113］Peabody D，De R B. The substantive nature of psycholexical personality factors：A comparison across languages［J］. Journal of Personality and Social Psychology，2002，83（4）：983 −997.

［114］Peretz H，Fried Y. National culture，performance appraisal practices and organizational absenteeism and turnover：A study across 21 countries［J］. Journal of Applied Psychology，2012，97（2）：448 −459.

［115］Posthuma R A，Campion M A. Twenty best practices for just employee performance reviews［J］. Compensation and Benefits Review，2008（40）：47 −55.

［116］Pulakos E D，Mueller − Hanson R A，O'Leary R S，Meyrowitz M M. Building a high-performance culture：A fresh look at performance management［M］. Alexandria：SHRMFoundation，2012：33 −36.

［117］ Radnor A, McGuire M. Performance management in the public sector: Fact or fiction? ［J］ International Journal of Productivity and Performance Management, 2004, 53 (3): 245 – 260.

［118］ Rich B L, Lepine J A, Crawford E R. Job engagement: Antecedents and effects on job performance ［J］. Academy of Management Journal, 2010, 53 (3): 617 – 635.

［119］ Richardsen A M, Burke R J, Martinussen M. Work and health outcomes among policeofficers: The mediating role of police cynicism and engagement ［J］. International Journal of Stress Management, 2006, 13 (4): 555 – 574.

［120］ Roberts B W, Bogg T, Walton K, Chernyshenko O S, Stark S. A lexical investigation of the lower-order structure of Conscientiousness ［J］. Journal of Research in Personality, 2004, 38 (2): 164 – 178.

［121］ Roberts B W, Chernyshenko O S, Stark S, et al. The structure of conscientiousness an empirical investigation based on seven major personality questionnaires ［J］. Personnel Psychology, 2005, 58 (1): 103 – 139.

［122］ Robert B W, Wood D, Smith J L. Evaluating five factor theory and social investment perspectives on personality trait development ［J］. Journal of Research in Personality, 2005, 39 (1): 166 – 184.

［123］ Rothbard N P. Enriching or depleting? The dynamics of engagement in work and familyroles ［J］. Administrative Science Quarterly, 2001, 46 (4): 655 – 684.

［124］ Saks A M. Antecedents and consequences of employee engagement ［J］. Journal of Managerial Psychology, 2006, 21 (7): 600 – 619.

［125］ Salanova M, Agut S, Peiro J M. Linking organizational resources and work engagement to employee performance and customer loyalty: The mediation of service climate ［J］. Journal of Applied Psychology, 2005, 90 (6): 1217 – 1227.

［126］ Schaufeli W B, Bakker A B, Salanova M. The measurement of work engagement with a short questionnaire: A cross-national study ［J］. Educational and Psychological Measurement, 2006, 66 (4): 701 – 716.

［127］ Sekhar C S F. Assessment of effectiveness of performance appraisal system: Scale development and its usage ［J］. Siva Sivani Institute of Management, 2007, 1 (3/4): 1 – 6.

［128］ Singg S, Jerre A. Development of the student personal responsibility scale ［J］. Social Behavior and Personality, 2001, 29 (4): 331 – 336.

[129] Sole F. A management model and factors driving performance in public organizations [J]. Measuring Business Excellence, 2009, 13 (4): 3 –11.

[130] Sonnentag S. Recovery, work engagement, and proactive behavior: A new look at the interface between non-work and work [J]. Journal of Applied Psychology, 2003, 88 (3): 518 –528.

[131] Spence J R, Keeping L M. Conscious rating distortion in performanceappraisal: A review, commentary, and proposed framework for research [J]. HumanResource Management Review, 2011, 21: 85 –95.

[132] Spence J R, Keeping L M. The road to performance ratings is paved withintentions: A framework for understanding managers' intentions when ratingemployee performance [J]. Organizational Psychology Review, 2013, 3 (4): 360 –383.

[133] System S. HR field guide: 5 tips for getting the most out of your workforce performance management [J]. Social Science Electronic Publishing, 2009, 23 (5): 13 –22.

[134] Thoms P, Dose J J, Scott K S. Relationship between accountability, job satisfaction, and trust [J]. Human Resource Development Quarterly, 2002, 13 (3): 307 –323.

[135] Toor S, Ofori G. Ethical leadership: Examining the relationship with full range leadership model, employee outcomes, and organizational culture [J]. Journal of Business Ethics, 2009, 90 (4): 533 –547.

[136] Tziner A, Murphy K R, Cleveland J N. Does conscientiousness moderate the relationship between attitudes and beliefs regarding performance appraisal and rating behavior [J]. International Journal of selection and assessment, 2002, 10 (3): 218 –224.

[137] Tziner A, Murphy K R, Cleveland J N. Contextual and rater factors affecting rating behavior [J]. Group & Organization Management, 2005, 30 (1): 89 –98.

[138] Victor Y H III, Sylvie S. Performance management effectiveness: Practices or context [J]. The International Journal of Human Resource Management, 2012, 23 (6): 1158 –1175.

[139] Weber R H. Accountability in the internet of things [J]. Computer Law & Security Review, 2011, 27 (2): 133 –138.

[140] Wood Robert E, Marshall V. Accuracy and effectiveness in appraisal outcomes: The influence ofself-efficacy, personal factors and organizational variables [J].

Human Resource Management Journal, 2008, 18 (3): 295 -313.

[141] Wood A, Winston B E. Development of three scales to measure leader accountability [J]. Leadership & Organization Development Journal, 2007, 28 (2): 167 -185.

[142] Wright P, Boswell W R. Desegregating HRM: A review and synthesis of micro and macro human resource management research [J]. Journal of Management, 2002 (28): 247 -276.

[143] Xanthopoulou D, Bakker A B, Demerouti E, Schaufeli W B. Reciprocal relationships between job resources, personal resources, and work engagement [J]. Journal of Vocational Behavior, 2009, 74 (3): 235 -244.

[144] Xanthopoulou D, Bakker A B, Demerouti E, Schaufeli W B. Work engagement and financialreturns: A diary study on the role of job and personal resources [J]. Journal of Occupationaland Organizational Psychology, 2009, 82 (1): 183 -200.

[145] Zecca G, Györkös C, Becker J, et al. Validation of the french Utrecht work engagement scale and its relationship with personality traits and impulsivity [J]. Revue Européenne De Psychologie Appliquée, 2015, 65 (1): 19 -28.